テキストライブラリ 心理学のポテンシャル 7

ポテンシャル パーソナリティ心理学

横田正夫・津川律子 編

psychologia potentia est

サイエンス社

監修のことば

　21世紀の心理学は前世期後半の認知革命以来の大きな変換期を迎えている。その特徴は現実社会への接近および周辺の他領域との融合であろう。

　インターネットの急速な発展により，居ながらにして世界中の情報を手にすることができる現代においては，リアリティをいかに維持するかが大きな課題である。その一方で身近には未曾有な大災害が起こり，人間の手ではコントロールが困難な不測の事態に備える必要が生じてきている。インターネットは人々に全能感を与え，大災害は人々に慢性的な不安を喚起する。このような現代に生きる者には，心についての深い理解は緊急の課題といえよう。

　こうした課題の解決に心理学は大きく貢献することができる。実験心理学は，情報の獲得，処理，そして行動に至る広範な知識を提供することで，生活のリアリティについての基盤を与え，その経験の原理を理解させる。臨床心理学的知見は慢性的な不安をはじめとする，現代の心の危機についての多様な，そして精緻な対処法を教える。

　本ライブラリは，急速に変化しつつある現代社会に即応した心理学の現状を，わかりやすく大学生に伝えるための教科書が必要とされている，という思いから構想されたものである。

　本ライブラリの特長は以下のようにまとめられる。①半期の授業を意識し，コンパクトに最新の知見を含む内容をわかりやすくまとめている。②読者として初学者を想定し，初歩から専門的な内容までを示すことで，この本だけで内容が理解できるようになっている。③情報を羅列した参考書ではなく，読むことで内容が理解できる独習書になっている。④多様な心理学の領域が示す「人間観」を知ることで，実社会における人間理解も深くなるように構成されている。つまり，社会に出てからも役に立つことを意識している。

　本ライブラリが心理学教育に少しでも貢献できることを願っている。

監修者　厳 島 行 雄

横 田 正 夫

羽 生 和 紀

まえがき

　自分の性格について一度も考えたことのない人は，おそらくいないのではないだろうか。私たちは，思春期・青年期を通じて，自分自身が何者なのかと思い悩みながら，自分自身の特徴やあり方に関してある程度のイメージをもつようになる。成人した後も，ある部分は変動したり，変動しなかったりしながら生活をしていくことになる。

　このように，私たちは「性格」という概念と，日常生活の中で接することが珍しくない。性格や，それに関係する心理学用語の定義などは，本書の中で説き明かされることとして，ここでは総称する概念として「パーソナリティ」を挙げ，書名にも「パーソナリティ心理学」を用いた。

　「パーソナリティ」（一般的にいえば人の心理的な特性のこと）に関する学術研究は，"心理学"という学問の中でも，学ぶに違いないと思われている代表的な領域であろう。しかしながら，本ライブラリ「監修のことば」でも述べられているように，読者として初学者を設定しつつも，初歩から専門的な内容までを，独学で学べる教科書というと，たくさんあるとは言えない。そこで，本書は，最新の内容を独学でも学べる書を目指してまとめることとした。

　なお，内輪の話で恐縮であるが，本書は編著者のひとりである横田正夫先生の定年をお祝いする意図もあって，所属学科に関連する教員を中心に執筆者を選んだ。長年，心理学研究者として活躍してこられた横田先生へ定年のお祝いとして，執筆者全員に気合いが入った結果，初学者のみならず大学院生，社会人の方にも十分に読み応えのある本となったように感じている。読後の感想など，お寄せ頂ければ幸甚である。

　最後に，本書を完成させるにあたって，サイエンス社編集部の清水匡太氏に大変お世話になった。ここに記して，深く感謝の意をお伝えしたい。

2020 年 2 月

編著者のひとりとして　津 川 律 子

目　次

第4章　パーソナリティの精神分析理論　63

第5章　パーソナリティの発達理論　77

第6章　パーソナリティと自己　97

第7章　パーソナリティの社会認知的理論　117

第8章　パーソナリティの最近の理論　131

第9章　パーソナリティ障害　153

パーソナリティとは何か

「あの人は，社交的で人当たりがよい」とか，「まじめで几帳面」など，日常生活の中で，私たちは自分や周囲の人の性格（パーソナリティ）について考えることが多い。性格は身近で関心の高いテーマであるが，では，改めて「性格とは何か」と聞かれたとき，答えられるだろうか。「性格」という言葉はあまりにも当然のように使っているため，この問いに答えるのは，意外と難しいと感じるのではないだろうか。それでは，日常生活における素朴な関心に対して，科学的な心理学はどのような答えを提供するのであろうか。本章では，性格（パーソナリティ）について，心理学的なアプローチを概観することにしよう。

1.1 性格・パーソナリティの概念

　個人差や個性をとらえる概念の一つが「性格（パーソナリティ）」である。私たちは同じような状況に置かれたとき，人によってさまざまな行動をとる。例えば，大学に入学してクラスで初対面の人と出会ったとき，積極的に話しかけていく人もいるし，自分からは話しかけようとしない人もいる。しかし，大学のクラスで初対面の人に話しかける人は，同じ大学のサークルでも，あるいは，高校のときも，同じように初対面の人に積極的に話しかけると思われる。このように，一人の人の行動の特徴はその人に独自で，状況が変わっても，ある程度一貫している。古典的なパーソナリティ理論では，このようなその人に特徴的な行動の仕方を生み出すもととなるのが，その人の「性格（パーソナリティ）」と考えられていた。このような概念を表す言葉として，後述するように「性格」だけでなく，「パーソナリティ」や「人格」などの用語も用いられている。

　私たちは，日常生活の中で，自分や他者のパーソナリティ（性格）について，多くの関心を抱いている。ある人のことを「性格がいい」「性格が悪い」と表現したり，「性格が合わない」などと言ったりする。また，「明るくて，社交的」とか，「まじめで気難しい」など具体的な性格を表現したりする。しかし，ある人にとって「社交的」な人も，別の人から見たら，あるいは，別の場面や機会に出会ったら，そうではないかもしれない。パーソナリティ（性格）は直接，見ることも触れることもできない構成概念である。実際に観察されるのは，パーソナリティ（性格）そのものではなく，「行動」である。後述するように，そのことが，性格（パーソナリティ）のとらえ方を複雑にしている。「パーソナリティとは何か」という問いに答えるのは，実はなかなか難しいのである。

　しかし，パーソナリティが何かわからないまま，話を進めるわけにはいかないので，出発点として，オールポートの定義を紹介する。彼によれば，「パーソナリティは，個人の内部で，環境への彼特有な適応を決定するような，精神身体的体系の力動的機構である」（Allport, 1937 詫摩他訳 1982，p.40）と定義される。この有名な定義では，パーソナリティとはその人に独自の「適応」を

決定するものであるということになる。「適応」とは「不適応」も含む概念で，その人独自の方法で環境と相互作用している様子を示している。また，この定義の中では，パーソナリティが単に心理的・精神的なものではなく，神経など生理的な基盤をも含む精神・身体的システムであること，パーソナリティはその個人の内部に存在することが想定されている。

1.2　パーソナリティに関する用語の整理

1.2.1　パーソナリティと性格

　パーソナリティや性格を表現する言葉は，いろいろ存在する。

　「性格」という言葉は英語の「キャラクター（character）」の訳語である。キャラクターは，ギリシャ語を語源とし，刻み込まれたものという意味がある。すなわち，その人に刻み込まれた特徴ということになる。また，英語のcharacterには，a man of character や character building などの表現に見られるように，望ましいというニュアンスがある。ポジティブ心理学でも character strength のようによい性格を表現するのに使用されている。

　この「性格」とほぼ同義に使われるのが，「パーソナリティ（personality）」という言葉である。パーソナリティはラテン語の「ペルソナ」が語源である。ペルソナは劇で使われる仮面を意味し，それが劇中の登場人物を表すようになり，さらに社会の中の登場人物，すなわち，人を表すようになった。パーソナリティはその人らしさ，その人の全体的な特徴を表す言葉で，知能や興味などを含めて考え，性格より広い概念として区別することもある。

　パーソナリティの訳語が「人格」である。人格という日本語は「あの人は人格者だ」など道徳的意味合いが含まれる。その意味では，英語の character と同様であるが，心理学で「人格」や character を用いるときにはそのような道徳的意味合いを含まない。しかし，どうしても道徳的意味合いを連想させてしまうので，誤解を招かないためにカタカナでパーソナリティと表記することも多い。

　性格とパーソナリティは，語源的な違いを反映して，区別することがあるが，

この区別はきわめてあいまいで，多くの場合，ほぼ同義に用いられている。性格は，主にドイツを中心としたヨーロッパでよく用いられており，「性格学」などといわれていた。一方，パーソナリティはアメリカで用いられることが多かった。日本でも，かつては「性格」という用語がよく用いられていたが，最近では「パーソナリティ」が用いられることが多い。浮谷（2013）は，題名に「性格」「人格」「パーソナリティ」が含まれる，日本で出版された主な著書をまとめている。それを見ると，1970年代前半までは「性格」が多く，1970年代後半からは「人格」や「パーソナリティ」が増加してきている。しかし，現在でも，日常生活の中でよく使用される「性格」も好まれ，混在しているのが現状である。

　本書では，特別な意味がない限り，個人の行動の特徴を表す言葉として，パーソナリティという用語を使用する。

1.2.2　気質・ディスポジション

　性格やパーソナリティ以外にも，行動の仕方の個人差や個性を表す言葉がある。その一つが，気質（temperament）である。気質は，刺激に対する感受性の程度，また，反応の強度や速度，活動性の特徴を示すことが多い。このような特徴は新生児にすでに出現することから，遺伝的・生理的な影響が強いものと想定されている。音や光などの刺激に対して敏感に反応する新生児が存在する一方，そのような刺激に対して鈍感な新生児も存在する。このような子どもの気質が，親など周囲の大人のその新生児に対する働きかけを引き出すとされており，気質と環境の相互作用が性格やパーソナリティを形成すると考えられている。

　英語のディスポジション（disposition）という言葉も，よく使用される。ディスポジションは，日本語に訳すのが難しい言葉であるが，傾性や傾向性と訳されることが多い。若林（2009）は，「資質」という日本語を当てている。パーソナリティや性格などと同様，その人に独自で一貫した行動の特徴の総体を示すが，やや遺伝的な側面を強調する場合に用いられることが多い。その意味では，気質とほぼ同義といえる。

1.3　パーソナリティ研究に影響を与えた流れ

1.3.1　パーソナリティ研究前史

　心理学の分野でパーソナリティが研究対象とされるようになったのは，オールポートの貢献が大きいとされている。しかし，パーソナリティや性格に関する関心はそれ以前から存在し，心理学以外の分野で研究されてきた。第2章でも紹介するように，性格について体系的に記述された最古の書物は，紀元前3世紀のテオプラストスの『人さまざま』であるとされている。その中で「尊大」「貪欲」「猫かぶり」「粗野」「おせっかい」「虚栄」「臆病」「けちんぼ」などについて生き生きと描写されている。それ以外にも，モンテーニュやパスカルなどの箴言集にも人間の性格についての深い洞察を見ることができる。これは人の性格に関する興味が古代から存在し，そのことについて考察が巡らされていたことを示している。

　古代ギリシャでは，医学の祖といわれているヒポクラテスが**四体液説**を提唱し，それに基づいてガレノスが，どの体液が優勢かということが性格を決定すると考え，**四気質説**を提唱した。この分類は，ヨーロッパの性格学に長く大きな影響を及ぼした。

　その後，顔や外見などから性格を知ろうとする相貌学や筆跡から性格を推定する筆跡学なども出現した。また，オーストリアのガルは，大脳の機能が性格に影響を与えることを前提に，頭蓋骨の大きさや形から，性格を推定しようとし，**骨相学**を提唱した。

　このように，性格に関する興味は古くから存在していたが，「性格」は見ることも触れることもできない構成概念であるため，その把握が困難であった。そこで，「体液」「相貌」「頭蓋骨」など，具体的な形のある何かを基に，正体不明の性格を考えようとする立場が多かった。しかし，その考え方は直観を基にしたもので，「科学的」といわれる方法とは異なっていた。一方で，これらの性格学は，まとまりを持った個人を分析の対象とし，その個人を要素に分割することなく，個人の性格の全体像をとらえようとしていたものであった。

1.3.2　心理学の誕生と個人差への関心

　1879年にヴントがドイツのライプチヒ大学に心理学実験室を開設したこと が心理学の始まりとされている。それまでのアームチェアサイコロジーと呼ば れていた時代と異なり，こころの探求に自然科学の方法を応用し，実証的，客 観的にこころを研究しようとしたのが，近代心理学の始まりである。その中で は，人のこころが一般的にどのような性質を持っているか，人一般に共通する 側面に興味が持たれていた。そのために，実験や調査を繰り返し，統計的な手 法を用いて人のこころの法則を解明しようとした。このような法則定立的研究 が心理学の主流であったため，個人差や個性は誤差として扱われ，研究の対象 ではないばかりか，むしろ排除すべきものとして扱われていた。

　そのような時代に，個人差について学問的関心を喚起したのは，1796年に グリニッジ天文台において星の運行の観測に誤差があるとして，助手が解雇さ れた事件であった（Shultz, 1981）。当時の台長のマスケラインは，助手のキネ ブルクによる星の観測が，マスケライン自身の観測と比べて0.5秒の誤差があ ることを発見し，この助手に警告し，訓練した。しかし，誤差は0.8秒までに 広がってしまい，改善の見込みがないとして，キネブルクは解雇された。この 事件は当時は注目を浴びなかったが，約20年後の1819年に，このことに興味 を抱いた天文学者のベッセル（Bessel, F. W.）が，星の観察時刻の個人差を系 統的に調査し，反応時間が人によって異なること，その個人差は一定している ことが確認された。これは天文学の分野で観測者としての人間の性質が考慮さ れるべきだという指摘のみならず，人間が観察者として関わる他の分野の科学 においても，観察者としての人間の役割の重要性を指摘することにつながった （Shultz, 1981）。ここから，個人方程式が作成され，個人方程式によって，各 自の反応時間の差が修正されることとなった。

　このような個人差に強い興味を示したのがゴールトン（Galton, F.；1822- 1911）であった。ゴールトンの残した業績は，たいへん幅広く，心理学の 枠にとどまらないが，その一つが個人差の問題であった（サトウ，2003； Shultz, 1981；若林，2009）。彼は，天体観測だけでなく，身体的特徴や知的能 力をはじめとした心的特性などにも個人差があり，その個人差は遺伝的要因に

よって決定されていると考えた。また，そのような個人差を数量的に測定することが可能であると考えた。知能の測定は，その後のビネーらによる知能検査の開発につながるとともに，多くの心理検査の開発を促した。心理学的特質を測定する試みは，第3章で触れられるように，パーソナリティの測定にもつながった。このような個人差が遺伝的に決定されることを証明するために双生児やきょうだいの研究を重ね，後の双生児法の基本的な考え方となっていった。さらに，このような過程の中で，多くの特質（変数）を測定し，その関連を検討するために回帰（相関）という概念を考え，後の相関係数の概念の基礎となった。ゴールトンは，優生学を提唱したことで，その後の社会の中で「劣った」とされた人の断種政策につながったとして悪評を得た。しかし，近年，その業績は再評価されている。若林（2009）は「Wundt が心理学の実験的方法のパイオニアであるなら，Galton は量的調査と統計的手法による心理学的研究のパイオニアといえるだろう」（若林，2009，p.71）と評している。

　ゴールトンが影響を与えた分野が差異心理学である。差異心理学は個人差を研究の主題としていたが，オールポートは個性の研究方法としては適切でないと批判している（Allport, 1937）。それは，差異心理学の興味の中心が，一般心理学と同様，研究のために分離された特性や機能であって，人間全体を扱っていないという点であった。

1.3.3　精神医学からの性格研究

　心理学がこころの法則を求め，個人差や個性を排除しようとしていたのに対して，精神医学の分野では，個人の性格（パーソナリティ）が重要な問題として意識されていた。心理学が誕生した19世紀末には，ドイツで精神医学が発展し，精神障害の分類が行われるようになった。そうした中で，特定の精神病とその患者の持つ性格（パーソナリティ）の関連が指摘されるようになり，病前性格や精神病質といった「性格」に関連した研究が行われるようになった。第2章で紹介するクレッチマーもその一人である。クレッチマーが『体格と性格』を出版したのは，1921年である。

　また，精神医学から生まれた精神分析学も性格（パーソナリティ）研究に大

きな影響を与えた。第4章で紹介するフロイトが代表的な人物である。フロイトの理論は広範囲にわたるが，性格（パーソナリティ）研究に与えた影響は大きい。中でも，乳幼児期を重視し，性格（パーソナリティ）における発達的な視点を取り入れたこと，また，パーソナリティを「適応」という観点からとらえたことなどが大きな貢献として指摘されている。フロイトが「自我とエス」を発表したのが1923年である。

　フロイトの弟子でありながら，後にフロイトと決別したユングも精神医学の出身である。第2章で紹介するように，『心理学的類型』を出版したのは，1921年であった。

　このように，1920年代前半は，精神医学を基盤とした「性格（パーソナリティ）」研究の成果が次々と発表されていた。これらは，それぞれの研究者が臨床家として一人の人に出会い，相互作用をする中で，その人の性格について考えたことが，各理論の基となった。それは，「個人」を理解しようとした結果，導き出された理論であるといえる。

1.4　心理学におけるパーソナリティ研究の歴史

1.4.1　パーソナリティ研究の始まり

　心理学の領域でパーソナリティの研究が行われるようになったのは，オールポート（図1.1）の貢献が大きい。オールポートは第3章で紹介するように，パーソナリティの特性論の提唱者であるが，1924年にハーバード大学で「パーソナリティ——その心理的・社会的側面」という講義を担当するようになった（星野，1982）。これにより，心理学という領域で，パーソナリティ研究という新しい分野に踏み込んでいくことになる。この年は，クレッチマーやユングの著作が発表された3年後，フロイトの著作の発表の1年後であった。そして，オールポートは1929年に開かれた国際心理学会議の中で，「パーソナリティの特性とは何か」という講演を行い，それまでの心理学で扱われなかったパーソナリティについて取り上げ，クレッチマーやユングに遅れること約15年で，有名な「パーソナリティ——心理学的解釈」（Allport, 1937）を発表した。

図 1.1　**オールポート**（Allport, 1961）

このように，心理学の領域でパーソナリティが研究対象として認められたのは，
1920 年代後半から 1930 年代といえる。この背景には，差異心理学の流れを汲
む個人差に関する関心の高まりと精神医学的な流れを汲む「個性」を理解しよ
うとする姿勢の 2 つの流れが関係していると考えられる。

　オールポートの特性論については第 3 章で詳述するが，当時の心理学や科学
の要素主義の流れに沿って，パーソナリティをパーソナリティ特性という要素
に分解して理解しようとするものであった。このことがパーソナリティを測定
可能な対象にし，心理学の中でパーソナリティの研究を刺激した。ただし，第
3 章で述べられる通り，オールポート自身は，パーソナリティ特性を全体とし
て統合する一人の人間の理解を目指しており，一般心理学の法則定立的なアプ
ローチに対して，個性記述的なアプローチをとることを目指した。その後の
パーソナリティ研究の歴史の中で，オールポートのこの思いは置き去りにされ
ることになる。

　1930 年代には，特性論の他にも，パーソナリティにアプローチするさまざ
まな理論的立場が出現した。動機論，場理論，役割論や，本書で取り上げる精
神力動学的理論や人間学的理論，認知論，社会的学習論なども 1930 年代から
1950 年代頃に，その基礎的な理論が整えられていった。そして，それぞれの
理論的立場を背景に，パーソナリティの定義も提唱された。オールポートによ
るパーソナリティの定義については前述したが，この時期のパーソナリティの

定義は背景とする理論的立場によって違いはあるものの，パーソナリティの内的実在を前提としていた点では，おおむね一致していたといえる。

1.4.2　人間―状況論争（一貫性論争）

　1960年代末から1980年代にかけて展開された人間―状況論争（一貫性論争）は，私たちが当然のように考えているパーソナリティの内的実在性についての疑問を呈した。第3章で紹介するように，それはミシェル（Mischel, W.; 1930-2018）による著書の公刊がきっかけとなった。ミシェルの主張の詳細は第3章に譲ずるが，ミシェル（図1.2）は，人間の行動には，状況を越えた一貫性がないとして，行動の一貫性を前提としたパーソナリティ特性概念に強い疑問を投げかけた（Mischel, 1968）。これに対して，ミシェルの主張を支持する立場や否定する立場から，さまざまなデータが提供され，議論がなされた。行動に一貫性があるという素朴な信念は，主に人間の認知によるものだとするものや，反対に，ミシェルの示したデータに疑問を呈するもの，具体的な行動は異なっているとしても，複数の行動を対象にすれば，パーソナリティ特性と行動との間に関連を見ることができるとする説なども出現した。この論争は，社会心理学など周辺の領域を巻き込んで，約20年にわたり展開された。この論争の中から生まれたのが，第3章で紹介されるような5因子論（ビッグファイブ）である。

図1.2　ミシェル（*American Psychologist*, January 1983, p.10）

　この論争の当初は，人の行動を決定しているのは，「人間（パーソナリティ特性）」か，「状況」か，という二者択一的な図式で考えられていたが，さまざまな証拠を吟味した結果，「人（パーソナリティ特性）も状況も」という相互作用論が改めて脚光を浴びるようになった。相互作用論は，古くはレヴィンの場理論にさかのぼることができる。論争前の相互作用論では，レヴィンの有名な $B = f(P, E)$ という公式に見られるように，行動（B）という従属変数に，人（P）と環境（E, 状況）という独立変数が影響を与えるという考え方である。この中では，相互作用は，ともに独立変数である人と環境（状況）の間に見られるものという図式で示されていた。しかし，論争を通して，ある状況で起こした行動が，その状況の性質を変化させるという側面もあることが注目されるようになり，従属変数であった行動と独立変数であった状況との間にも相互作用を考える立場に変化した。このような立場に立つ理論は，第7章で紹介する。

1.5　人間―状況論争（一貫性論争）後のパーソナリティ研究

1.5.1　個人差要因への注目

　人間―状況論争（一貫性論争）は，その後のパーソナリティ研究に大きな影響を与えた。前述したように5因子論なども，いわば，この論争の成果といえる。この論争後のパーソナリティ研究は，行動に影響を与える状況という要因を無視できなくなった。

　一方，社会心理学など，人間の行動における状況の要因を重視していた領域では，人の影響を考慮する必要性に目覚めたといえよう。そのため，さまざまな行動における個人差要因として，関連のあるパーソナリティ特性が単独で使用される研究も増加している。例えば，渡邊（2018）は，「比較的安定した心理学的個人差変数と，そうした個人差変数の測定あるいは把握のための手続きを一つでも含んでいる研究」（p.80）という基準で，2016～2017年の1年間に発表されたパーソナリティ関連研究を国内の関連する学会誌8誌から抽出した。その結果，各誌に掲載された論文の総数250件のうち，パーソナリティ関連研究は120件に上り，半数近くが「比較的安定した心理学的個人差変数」

（p.81）を扱っていることが示された。そのうち，「教育心理学研究」と「心理学研究」について，10 年間隔でパーソナリティ関連研究の割合を見ると，50年前の 1967 ～ 1968 年の 1 年間には両誌とも 20％程度であったものが，20 年前（1996 ～ 1997 年）頃から，その割合が急激に増えたことを示している。その要因として，渡邊（2018）は日本の心理学における非実験系および臨床心理学系の存在が大きくなったこと，構造方程式モデリングなど推論モデルの中に個人差変数が投入される例が増えたことを挙げている。このような個人差変数の考え方は，オールポートが目指した個性記述的な研究とは異なるといえよう。

1.5.2　パーソナリティ概念の変化

　若林（2009）によると，人間―状況論争は，表面的には人の行動の要因を内的要因（人間）に求めるのか，外的要因（状況，環境）に求めるのかという論争であったが，「その背後には科学的心理学は素朴心理学と同じでいいのかという，より重大な問いがあった」（若林，2009，p.20）。従来のパーソナリティ心理学が前提としていた状況を越えた行動の一貫性は，私たちが持つ日常的で素朴なパーソナリティ観念と共通している。しかし，この論争を通して，日常的な感覚とは異なり，行動に状況を越えた一貫性がほとんどないか，低いことが明らかになった。それでは，日常的なパーソナリティの理解は現実に基づかないものなのだろうか。

　そのことについて，渡邊・佐藤（1993）は，性格概念をとらえる 3 つの視点を区別する必要があると主張した。第 1 の一人称的視点は，自分で自分の性格を見る視点で，自分の行動についての認知を表している。一人称的視点では，状況がどんなに変化しても同じ自分であり，また，たとえ，状況に応じて自分の行動が変化したとしても，自分の性格が変化したとは感じない。これは，自我同一性（アイデンティティ）と呼ばれるものと同義である。第 2 は二人称的視点で，自分と相互作用のある相手を見ており，「私」から見た「あなた」の性格ということである。この場合，観察者と被観察者の間に相互作用があり，それが見かけ上の一貫性を生み出す。観察が行われる状況で，観察者の存在や二者間の関係が，強力な状況要因として働くため，被観察者の行動に見かけ上

の一貫性を見出すという。第3の視点は，三人称的視点で，観察者と相互作用のない第三者から見る視点であり，科学的な心理学が目指す客観的なパーソナリティ概念の視点である。人間―状況論争で示されたように，この第3の視点からは，状況を越えた一貫性を見出すことは難しい。

　このようにパーソナリティをとらえる視点を考えると，パーソナリティ研究の始まりは，研究者の内省のような一人称的視点や，臨床場面の観察などに代表される二人称的視点からパーソナリティをとらえたものであった。そのため，状況を通した一貫性を仮定することができた。アメリカ的な心理学が発展し，パーソナリティテストなどによって，パーソナリティの客観的な測定が行われ，第三者的視点による研究が行われるようになっても，測定対象であるパーソナリティの概念は，それまでと変わらなかったことが，パーソナリティ研究を複雑にしたと考えられる。

　また，第三者的視点からは状況を越えた一貫性を見出すことは難しいとされているが，日常的には自分と相互作用のない他者の行動を観察しても，状況を越えた一貫性を持っているように思える。これは，渡邊（2010）によると，限られた状況における継時的安定性（temporal stability）を通状況的一貫性（cross-situational consistency）と混同してしまうことが原因であるという（p.56 参照）。例えば，自分とつきあいのないクラスメイトの観察は，学校内と学校周辺のごく限られた範囲のみにおいて行われる。したがって，観察される行動には，状況要因の安定性による継時的安定性が見られるというのである。さらに，日本語の「裏表のある人」「内弁慶」「気まぐれ」などの表現は，行動に一貫性がないことが日常的にも観察され，それが「その人の性格」として認められていることを指摘している。

　従来のパーソナリティ概念に疑問を呈したミシェルも，パーソナリティとしての一貫性を認めつつ，状況によって変化する行動を説明する統合的なモデルを提唱している（Mischel & Shoda, 1995）。この理論については，第8章で紹介する。

1.5.3　パーソナリティとは何か（再び）

　人間─状況論争を通じて，科学的心理学が扱うパーソナリティとは何かという問いに答えることは，簡単ではないことが示されてきた。

　人間─状況論争を経て，パーソナリティの内的実体という考え方は，現在では疑問を持たれている。若林（2009）は，パーソナリティ自体が存在するということではなく，一種の現象を指す用語と考えるべきであると指摘している。そのうえで，基本（気質）的定義と心的表象としての定義の2つの定義を提唱し，パーソナリティを扱う際には，両者を区別して議論すべきであると主張している。若林（2009）も，渡邊・佐藤（1993）と同様に，パーソナリティを扱う場合における視点の重要性を指摘しているといえよう。

　若林（2009）によるパーソナリティの基本（気質）的定義は，次のように表される。「パーソナリティとは，時間や状況を通じて個人（個体）の行動に現れる比較的安定したパターンとして外部から観察可能なものであり，他者（他個体）との違いとして認識されるもので，それは発達段階を通じて遺伝的要因と環境との相互作用の結果として現れるとともに，それは神経・内分泌系などの生理・生物学的メカニズムによって媒介されているものである」（若林, 2009, p.314）。この定義は，人間だけでなく，他の動物にも適用できるとしている。

　若林（2009）による第2の定義は，人間だけに適用されるパーソナリティ概念で，心的表象としてのパーソナリティである。「パーソナリティとは，各個人が認知している自己の行動や情動に現れる比較的安定したパターンについての心的表象であり，その基礎には（自覚されている程度には個人差はあるが）遺伝的要因によって規定された固有の神経・内分泌などの生理・生物学的メカニズムと環境との相互作用がある。これは主観的には主に他者との違いとして認識されるものであるが，常に個人の行動になんらかの形で影響を与え，発達過程を通じて維持されるが，その安定性と変化の割合には個人差がある」（若林, 2009, p.315）。彼は，基本（気質）的定義も，表象としての定義も，行動の個人（個体）差を整合的に理解するための「説明モデル」であるとしている。

　また，渡邊（2010）も，パーソナリティを「人がそれぞれ独自で，かつ時間

的・状況的にある程度一貫した行動パターンを示すという現象，およびそこで
示されている行動パターンを指し示し，表現するために用いられる概念の総
称」(p.23) と定義している。

　このような定義は，視点やアプローチが異なると多様に広がるパーソナリ
ティを一種の現象としてとらえることで，それぞれの視点からの研究を整理す
る必要があることを示唆している。

1.6　パーソナリティ形成の要因

1.6.1　パーソナリティにおける遺伝の影響

　パーソナリティに関わらず，人間の心的過程についての遺伝と環境の影響に
ついては，古くから議論がなされていて，遺伝か環境かという議論に陥りがち
であった。前述したように，ゴールトンはさまざまな心理的形質の個人差に
ついて，遺伝による影響を考えていた。しかし，優生思想の広まりへの反省
から，こころの性質における遺伝的影響の研究は長い間，タブーとされてきた。
一方で，オールポートがパーソナリティを精神身体的体系と指摘していたよう
に，パーソナリティにおける生理的な基盤は当初から想定されていた。その生
理的基盤を作り出すのが，遺伝子である。人間―状況論争を通して，パーソ
ナリティにおいて，学習や状況要因だけでは説明できない個人差があることも認
識されるようになってきた。

　最近では，多くの研究者がパーソナリティにおける遺伝子による影響を認め
ているが，同時に環境の影響も重視し，遺伝子と環境の相互作用が重要である
と考えるのが一般的である。このような遺伝と環境が特定の心的形質に与える
影響力を推定する行動遺伝学からの知見も蓄積されてきた。行動遺伝学につい
ては，第8章で詳述する。

　また，進化の概念を心理学に導入し，注目を集めている進化心理学の分野か
らも，人間という種に共通の心的特徴が進化の過程で獲得されたプロセスだけ
でなく，心的特徴の個人差についても進化の概念から考えられるとしている。
このような考え方も，第8章で紹介する。

1.6.2　パーソナリティにおける環境の要因

　パーソナリティにおける遺伝の影響を調べる**行動遺伝学**では，同時に，環境の影響についても推測される。どのような心理的形質でも，遺伝の影響力が50％を超えることはほとんどなく，環境が心理的形質の発現に影響することは明白である。パーソナリティ研究における歴史の中では，パーソナリティの発達におけるさまざまな環境要因の影響に関する研究が行われてきた。

　現在までに取り上げられてきた環境的要因としては，①親の年齢，教育歴，職業，収入，価値観など親の要因，②その家庭の一般的雰囲気，家族構成，きょうだい，出生の順序，あるいは親の養育態度など家庭や家族に関する要因，③成長するにしたがっての友人関係や，通学する学校の教育方針や教師との関係などの要因，④その社会の生活様式や価値基準，政治形態など文化・社会的要因，などがある。中でも，親の養育態度は子どもの気質との相互作用によって，子どものパーソナリティの発達への影響が研究されている。

　第8章で紹介するが，最近の行動遺伝学の知見では，パーソナリティの発達における環境の要因として，親の教育程度などその家族が共有する共有環境の影響よりも，出生順序など家族の中でも個人によって異なる非共有環境の影響が大きいことが報告されている。

　また，環境の要因として文化的要因も注目されるが，前述したように，遺伝子と文化の共進化などの考え方が提唱され，従来のような，遺伝か環境かという考え方からは大きな転換が図られている。

コラム 1.1　血液型と性格

　血液型で性格がわかるのであろうか。日本ではA型は几帳面，B型はいい加減など，血液型で性格がわかるという説が広く受け入れられている。確かに，本書でも紹介している通り，性格の形成には生理的要因が関与することは知られている。それでは，血液型は性格形成に影響を与える生理的要因と考えることができるのであろうか。

　ABO式の血液型と性格が関連するという説は，日本独自のものである。血液型と関連づけて考えるとき，「パーソナリティ」という言葉が用いられていないのは，その影響もあると考えられる。大村（1990）によると，現在の血液型性格学と呼ばれているものは，昭和初期に古川竹二の発表した「血液型気質相関説」を基に，昭和40年代に能見正比古・俊賢親子が拡大解釈したものであるという。しかし，その後，多くの心理学者が血液型と性格の関連を検証しようと，さまざまな方法を用いて，さまざまな対象に対して調査を実施したが，血液型と性格の関連は実証できないことが報告されている。心理学者の多くは，血液型と性格が関連するという考えに懐疑的である。それにもかかわらず，一般的には血液型によって性格がわかるという信念が広まっている。

　心理学の授業でよく行われる簡単な実験がある。まず，血液型性格学でいわれている各血液型の特徴を取り出して，その特徴を入れ替える。O型の特徴といわれているものをA型，A型をB型，B型をAB型，AB型をO型としてラベルをつける。これを大学生に示し，自分の血液型の特徴を読み，どの程度，自分の性格に当てはまっているか判断させる。すると，実際には自分とは別の血液型の特徴を読んだにもかかわらず，7〜8割の学生が「当てはまる」と判断する。どうしてそのようなことが起きるのであろうか。

　各血液型の特徴として記述されているものは，抽象的に表現されており，誰にでも当てはまるように感じてしまう。これはバーナム効果と呼ばれる現象として知られている。誰にでも当てはまる特徴にA型，O型などわかりやすいラベルをつけることで，印象に残り，特定の血液型のイメージが作られてしまう。このような血液型のイメージを「**血液型ステレオタイプ**」と呼ぶ。「ステレオタイプ」は，ある集団（性別，人種，職業，血液型の場合は特定の血液型の人など）のメンバーが持つ属性

に対する信念である。「日本人は勤勉」「血液型A型の人は几帳面」など，一部の情報に基づいて過度の一般化が行われていることが多い。一度，ステレオタイプが形成されてしまうと，ステレオタイプに一致した情報を取り入れやすくなったり，思い出しやすくなったりすることが知られている。そのため，自分や他人の行動を観察したとき，ステレオタイプに一致した情報が目につきやすくなる。その結果，各血液型の特徴がその血液型の人の性格に「当てはまっている」と感じてしまうのである。また，例えば，几帳面でないA型の人に出会うなど，ステレオタイプと一致しない事実に接しても，ステレオタイプは容易に変化しないことも知られている。たとえ，血液型と性格が関連する証拠はないという情報に接しても，血液型ステレオタイプが根強く残ってしまう。

　また，日本では血液型ステレオタイプが広まったことで，血液型ステレオタイプがコミュニケーションの道具として使用されている。これが対人関係を促進する機能を持つことも，血液型ステレオタイプが広まる一因と考えることができる。伊坂（2012）は，大学生147名を対象に，血液型ステレオタイプと対人関係について調査した。その結果，人と親密な関係を築きたいという親和動機が強い人，また，自分の周囲の人が血液型ステレオタイプを信じていると思っている人は，そうでない人に比べて血液型ステレオタイプを信じやすいことが明らかになった。このように大学生は，血液型性格判断を話題にすることで，周囲の人とコミュニケーションを図るなど対人関係を友好的にする手段として血液型ステレオタイプを使用している様子がうかがえる。

　血液型ステレオタイプはコミュニケーションの手段として，対人関係を友好的にするなどの機能もあるが，血液型と性格が関連するという科学的証拠はない。これは，性格というとらえどころのないものを筆跡や相貌など目に見えるもので判断しようとした古代の歴史と共通するものがある。

●練 習 問 題

1. 人間─状況論争前後のパーソナリティの概念がどのように変化したか，パーソナリティについてのオールポートの定義と渡邊の定義や若林の定義を比較し，違いについて考察してください。

2. 人間─状況論争で問題にされたことは，何だったのか，自分なりにまとめ，周囲の人と話し合ってください。

3. パーソナリティの研究について理解することは，日常的なパーソナリティ理解にどのように役立つと思うか，周囲の人と話し合ってください。

●参 考 図 書

オールポート，G. W. 詫摩 武俊・青木 孝悦・近藤 由紀子・堀 正（訳）（1982）.
　　パーソナリティ──心理学的解釈──　新曜社

　パーソナリティを学習するなら，やはりここをスタートにしてほしい。人間─状況論争後の現在も，オールポートの深い洞察と先見の明に改めて感嘆する。

鈴木 公啓（編）（2012）. パーソナリティ心理学概論──性格理解への扉──　ナカニシヤ出版

　パーソナリティ研究について，広く取り上げた概論書。初学者にとっても，比較的わかりやすく概説されている。

若林 明雄（2009）. パーソナリティとは何か──その概念と理論──　培風館

　パーソナリティ理論の紹介にとどまらず，その基礎となるパーソナリティ概念や研究のアプローチについても取り上げた良書。難解な面もあるが，パーソナリティについて専門的に学びたい人には，おすすめである。

パーソナリティの類型論

　心理学の領域は多岐にわたるが，一般には，心理学は性格を研究する学問というイメージがあるのではないだろうか。その中でも本章で取り上げる「類型論」は，人々が心理学について最もイメージしやすいものと思われる。本章では，そのような類型論の定義や歴史を踏まえたうえで，代表的なものとしてクレッチマーとユングの類型論を取り上げ，その内容を解説する。

2.1 類型論とは何か

2.1.1 類型論の定義

　パーソナリティの類型論（typology）とは「一定の観点から典型的なパーソナリティ像を設定し，それによって多様なパーソナリティを分類し，パーソナリティの理解を容易にしようとするものである」（伊坂，2013，p.43）と定義される。具体的には，ある典型的なパーソナリティをいくつか想定しておき，ある人の特徴がそれらのどれに当てはまるのかによって分類されることになる。

2.1.2 類型論の特徴

　前述のように類型論というと"分類"というイメージが強い。しかし，「類型論においては，分類によってその対象への認識が深められるようなものでなくてはならないのである。類型は，人間を分類することを第1の目的としているのではなく，本質的なことは，類型が何を解明するかということである。換言すれば，類型は『箱』ではなくて『焦点』とでもいうべきもの」（若林，1998，p.59）といえるであろう。このように，パーソナリティのどういうところに"焦点"を当てるかによって，さまざまな類型が考えられ，それによってパーソナリティ理解を深めようとする学術的な行為が類型論ともいえよう。

2.1.3 類型論の歴史

　「○○タイプ」や「××型」などと表現されることが多い類型論は，基本的に分かりやすい方法であり，古くから行われていたと考えられている。小塩（2010）によれば，人間のパーソナリティについて体系的に書かれた世界最古の本は，テオプラストス（Theophrastus；紀元前372年頃-288年頃）の『人さまざま』となっている。本書の前書きには，次のように書かれている。「そもそもギリシア本土は，同一の気候のもとにひろがっており，ギリシアの人びとも，すべて同じ教育をうけているのに，それなのにいったいどうして，われわれの気質は，同じあり方をするようにはならなかったのか」（テオプラストス著 森訳1982，p.9）。これは現代に置きかえても通じると思われるような記

述である。

　また，前書きの後には，30種類の気質が挙げられており，それぞれの気質の定義と具体例が書かれている。類型論になぞらえていえば，30種類の類型の定義と具体例があることになる。一つだけ挙げると，「おしゃべり」は，次のように定義されている。「おしゃべりとは，もし人がそれを定義しようとすれば，抑制のきかぬ話ぶりと考えられる」（p.34）。その後に具体例がいくつもあるのだが，これらの具体例に解説も加わって，当時の人々の生活が生き生きと浮かび上がるようである。例えば，当時の召使いの一日の食い扶持は，約1リットルのオートミール，若干のいちじく，オリーブ，少量の葡萄酒と酢とある（前掲書p.50）。このような記述は，パーソナリティの学問的な分類よりも，文化人類学的な価値が伝わってくるものである。しかし，紀元前に気質についての記述が残っていることは心理学にとっても貴重である。

2.2　四気質説

2.2.1　ヒポクラテスの四体液説

　テオプラストスより少し前に，エーゲ海に面したコス島に生まれたとされるヒポクラテス（Hippocrates；紀元前460年頃–紀元前370年頃）がいる。彼は今でいう医師であり，病気は超自然的な力や神々によるものではないと考えた最初の人物とされている。彼は，人間には，血液，粘液，黄胆汁，黒胆汁の4種類の体液があり，これらが調和していると健康であるが，これらのバランスが崩れた場合，病むと考えた（**四体液説**）（ヒポクラテス著 小川訳 1963）。

2.2.2　ガレノスの四気質説

　その後，ペルガモン（現在のトルコ）に生まれ，ローマで活躍したガレノス（Galenus；129年頃–200年頃）は，今でいう外科医であった。彼はヒポクラテスの四体液説から，**四気質説**と呼ばれる類型論を発展させた。ここで「気質」と訳されている原語はtemperamentであるが，temperamentは小塩（2010）によると「体液の混合」という語源があり，体質や遺伝といった生物学的な

ニュアンスが含まれている。

　ヒポクラテスの考えた4種類の体液である，血液，粘液，黄胆汁，黒胆汁に対応した「気質」として，多血質（sanguine），胆汁質（choleric），黒胆汁質（melancholic），粘液質（phlegmatic）が考えられ，それぞれ次のような特徴があるとされた。多血質は，快活，明朗，社交的など，胆汁質は，せっかち，短気，積極的など，黒胆汁質は，用心深い，心配性，不安定など，粘液質は，冷静，堅実，勤勉などである（小塩，2010）。

2.2.3　四気質説のその後

　杉山・松田（2016）によると，欧州だけでなく，古代インドでも三体液説があり，心身の不調があるときは，体液のバランスを整える医学が用いられていた。いずれにしても，体液説の影響が長くあったことは事実のようで，日本では江戸幕府第8代将軍徳川吉宗の時代に生まれたドイツの哲学者カント（Kant, I.；1724-1804）も四気質説について論考している。具体的には，お調子者の多血質，苦虫君の気鬱質，お山の大将の胆汁質，沈着冷静型の粘液質という4つの気質について論考されている（Kant, 1798 渋谷・高橋訳 2003）。

　しかし，心理学に大きな影響を及ぼしたのは，近代心理学の父とも呼ばれるドイツのヴント（Wundt, W. M.；1832-1920）が，ガレノスの四気質説に基づきつつも，次元という概念を示唆したことであろう（Eysenck, 1967 梅津・祐宗他訳 1973）。

　ドイツ人で，イギリスで活躍したアイゼンク（Eysenck, H. J.；1916-1997）は「19世紀の末頃になると，人々は連続的に分布できるような2つの直交的な次元を使用すれば，パーソナリティは一層よく記述できるであろうと，さまざまな心理学者が指摘した」と述べ，カントとヴントの理論を結合して図示している（図2.1）。ここに「次元」（軸）という考え方が明示されている。アイゼンクについては，次章（第3章　パーソナリティの特性論）で詳しく学ぶ。

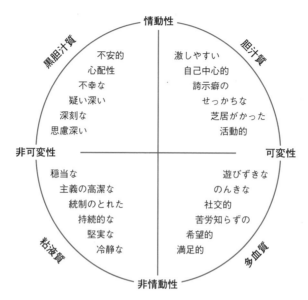

図2.1　カントとヴントの理論の結合 (Eysenck, 1967 梅津・祐宗他訳 1973)

2.2.4　ゴールトン

　話が前後するが、クレッチマーやユングに入る前に、外すことのできない人物が一人いる。それはゴールトン (Galton, F.；1822-1911) である。彼はイギリス人で、個人差に関する心理学そのものに大きな影響を与えた人物の一人で、進化論で知られるダーウィンのいとこにあたる (高橋・津川, 2015)。彼の研究が現在の心理学に与えた影響は多々あるが、パーソナリティ研究に直接関係するものとして、1884 年に彼が書いた 'Measurement of character' が一例として挙げられる。

　現代では当たり前のことかもしれないが、この論文にあるように、パーソナリティを"測定する"という考え方がこの時代にすでにあったことは特筆に値する。このことは、その後の研究者たちが意識するしないに関わらず、現在のパーソナリティ研究に少なからず影響を与えたと考えられるからである。

2.3 クレッチマーの気質類型

2.3.1 体格の分類

　クレッチマー（Kretschmer, E.；1888-1964）はドイツの精神医学者である（図2.2）。彼は，南ドイツの偏狭の地，ハイルブロンのヴェステンロットにおいて，牧師の長子として生まれた（福屋・鍋田，1986；岡田，2004）。その後，バックナンク郡のオーバーブリューデンに両親と共に転居した。この頃の両親の様子や育った環境については彼自身の伝記的随想に詳しいが，風土的な影響が個人の思考に深い関わりをもつことを改めて感じさせる（Kretschmer, 1972）。彼は1913年からチュービンゲンのガゥプ（Gaupp, R.）教授のもとで助手を務め，1923年に医学博士の学位を受けた。翌年には第一次世界大戦（1914 〜 1918年）が始まるという険しい時代に精神科医として歩みを始めたのである。第一次世界大戦の後，再びガゥプのもとで働いたが，その間の1921年に『体格と性格』が出版されている。

　この本でみられる研究の精密さには驚くべきものがある。彼は主として260名の精神科患者を対象に研究を行っているが，普段の臨床で用いている表とは別に，詳しい「体型一覧表」を用意して，一人ひとりの患者について記録を行っている。表に記録する際にも「日光のよくあたる所で眼の前に患者を裸で立たせ，印刷してある順を追って，一つずつ判定し記入する」（p.6）といった注意を払い，顔，眼，鼻，口，唇をはじめとして，身体の各部位の判定を

図2.2　クレッチマー（山口義枝画）

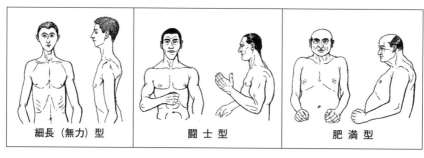

図 2.3　3つの体格型（模式図）（Kretschmer, 1955 相場訳 1960）

行っている。例えば，睾丸や生殖器は大中小に分類されているが，「中」をおく（三段階に分類する）ことの科学的な必要性について述べており，科学者として真剣に研究を行っていた様子が伝わってくる。方法論としては，自分の眼で記録すること，測定すること（頭蓋も測っていた），写生すること，写真を撮ることなどを総合して，実体に正確に迫ろうとしている。また，この本は事例が豊富で，事例研究や当時の思春期やせ症者の写真や記録等は歴史的な学術価値が高い。

　そして，研究の結果，彼は精神病者の体格を3つに分類した。それは，細長型・闘士型・肥満型である（図 2.3）。

　細長型は，「痩せて細長く，実際より大きく見え，皮膚は乾燥気味で，血の気が乏しく，狭い肩から筋肉の少ない細い腕が伸び，肋骨を数えることができ，腹部の脂肪が少ない」（小塩，2010，p.76）といった特徴をもつ。

　闘士型は，骨格・筋肉・皮膚がよく発達している体格で，「身長が高く，肩幅が広く，胸も腹もしっかりとしており，下半身よりも上半身の発育がよい」（小塩，2010，p.76）といった特徴をもつ。

　肥満型は，頭部・胸部・腹部が広くなり，体幹には脂肪がつき，「丸みを帯びた体で，首が短く，手足は骨張っておらず柔らかく，柔和で広い顔を持つ」（小塩，2010，p.77）といった特徴をもつ。

2.3.2　体格と精神疾患

　さらに，クレッチマーが体格の類型と精神疾患の種類を比較したところ，表

表 2.1　**クレッチマーによる体格と精神的要因（1955）**

	循環症	分裂症
細長型	4	**81**
闘士型	3	**31**
細長―闘士混合型	2	11
肥満型	**58**	2
肥満型の混合型	**14**	3
形成不全型	―	**34**
曖昧で判定できない像	4	13
合計	85	175

2.1 のような結果が得られた。表 2.1 で「循環症」とあるのは躁うつ病のことで，「分裂症」とあるのは統合失調症のことである。表 2.1 を見ると，躁うつ病には肥満型が多く，統合失調症は細長型が多いことが推測される。このように，データを正確に公表する大切さは今も変わらない。

2.3.3　体格と精神疾患と気質

病前性格（premorbid character）とは「患者が精神障害の顕在発症前に有していた性格」（岩井，2011，p.890）のことで，疾患によって特徴的な病前性格があるという考え方による。クレッチマーは，『体格と性格』の段階で，当時の 3 大内因性精神病（現在の統合失調症，躁うつ病，てんかん）に対応するような気質を考え，その後も研究を続けた結果，表 2.2 のような分類に至った。彼は体格と精神疾患と気質の対応を考えたのである。

2.3.4　類型論への批判と反論

前述のように，人のパーソナリティを典型的ないくつかに分類して考えるというやり方は，分かりやすく，受け入れられやすい方法である。パーソナリティ研究は類型から始まったといっても過言ではない（伊坂，2014）。

一方で，類型論の問題点も複数指摘されている。代表的なものとして，①多種多様な人のパーソナリティをわずか数個に分類するのは困難である。②中

表 2.2 クレッチマーによる体格・気質とその特徴 (小塩, 2010)

体格	対応する病理	気質名称	気質の特徴	備考
細長型	統合失調症	分裂気質	1. 非社交的, 静か, 内気, まじめ 2. 臆病, 恥ずかしがり, 気の小さい, 神経質, 自然と書物が好き 3. 従順, 善良, 正直, 鈍感, 愚直	過敏と鈍感の2極をとる。 最初は細長型と闘士型ともに分裂気質に対応していた。
肥満型	躁うつ病	循環気質 (躁うつ気質)	1. 社交的, 善良, 親切, 温厚 2. 明朗, ユーモア, 活発, 熱烈 3. 冷静, 安静, うつになりやすい, 気が弱い	快活と悲哀の2種をとる。
闘士型	てんかん	粘着気質	執着する, 変化・動揺が少ない, 几帳面, 秩序を好む, 融通が利かない	後で追加された気質。

間的なパーソナリティが設定されないために，その人のパーソナリティのうち，その類型に合致するものだけがクローズアップされ，他の側面が見失われやすい。③パーソナリティを固定化してとらえてしまい，発達や変化の余地を与えづらい，などである。

　①に対しては，2.1 で述べたように，類型論は単なる分類ではなく "焦点" とでもいうべきものであることから，その類型概念によってパーソナリティの本質的な部分が解明されるかどうかが肝要であるという反論がなされている（若林，1998）。また，②についても各類型に特有の傾向（焦点）をみることと，それ以外の多様性を認めることは両立できることから反論がなされている。③に関係して，小塩（2010）は，クレッチマーの研究に関して統合失調症と躁うつ病では，前者のほうが後者よりも一般的に発症年齢が若いことから，年齢の差によって，躁うつ病者に肥満である者が多いという可能性を指摘している。実際問題，急激なダイエットによって肥満体型から細身の体型に変化したからといって，パーソナリティが大きく変化するということは考えづらい。類型論のポイントは類型という焦点を通じて，人のありようをより科学的に解明しようとする姿勢にあり，類型論を用いる私たちが，類型論の本質を見失わないよ

うに用いることのほうが大切なことかもしれない。

　クレッチマーの気質類型説は，体型から性格を占いのように予見することで
なく，体格と性格というものを科学的にとらえようとした学術的な挑戦である
こと，また精神疾患をもつ人々と，いわゆる健常者といわれる人々が，必ずし
も同じ地平線上で見られるわけではなかった時代に，人としての共通項を探索
したという点にあるのかもしれない。

2.4　ユングのタイプ論

2.4.1　生い立ちから『タイプ論』まで

　クレッチマーより 13 年前に，カール・グスタフ・ユング（Jung, C. G.；
1875-1961；図 2.4）は，スイスで生まれた。スイスの地方行政区画は 26 の州
（ドイツ語でカントン（Kanton））から成るが，トゥールガウ州はスイスの北
東に位置しており，ドイツ語圏である。彼はトゥールガウ州のケスヴィル生
まれである。父親は牧師であり，大学で古典と東洋の語学を学び，その分野
で教授になりたいと願ったが果たせず，田舎の牧師として職についた（河合，
1978）。ユングは自分にとって「父」は「信頼感とそして無力さとを意味して
いた」と，後年述べている（Jung, 1963 河合他訳 1972）。父方祖父は同じカー
ル・グスタフ・ユングという名で，バーゼル大学医学部の教授であった。ユ
ングの母親は，河合（1967）によると「力強く，精力的な人」であったらしい。

図 2.4　ユング（山口義枝画）

ユングの母方祖父はバーゼルの牧師であり，ユングの家系には宗教家が多い。

　結局，ユングは同名の祖父と同じバーゼル大学で医学を，とくにクラフト＝エビング（リヒャルト・フォン・クラフト＝エビング男爵；Richard Freiherr von Krafft-Ebing；1840-1902）の影響で精神医学を学んだ。その後，チューリヒ大学のブロイラー（Bleuler, E.；1857-1939）の元で助手を務めた。フロイト（Freud, S.；1856-1939）と1907年から交流を開始し，フロイトと一時期とても親密に意見を交わした。1910年には国際精神分析協会が設立され，ユングはその初代会長になった。しかし，フロイトとユングは理論的な違いが明確になるようになり，ユングは約4年で国際精神分析協会を辞して，フロイトと決別することになった。第一次世界大戦（1914-1918年）の後，1921年，有名な『タイプ論』を公刊することになる。ちなみに，この1921（日本では大正10）年は，クレッチマーの『体格と性格』が出版された年と奇しくも同じ年である。

2.4.2　内向と外向

　ユングは，人の精神活動を支える心的エネルギー（リビドー：libido）を想定し，このエネルギーが向かう方向によって，内向（introversion）と外向（extraversion）を設定した。心理的エネルギーが内界に向くのが**内向型**で，外界に向くのが**外向型**である。河合（1967）によると，内向型は「自分にとって気の合った，親しい環境のなかで，その能力を発揮できる」（p.42）人であって，外向型は「新しい場面において能力を発揮できる」（p.42）人となっている。

　これを読むと，驚く読者もいるかもしれない。外向を明るい（良い），内向を暗い（良くない）と意味する現代日本の一般的な使い方とはまったく異なっている。

　また，この外向型は，現在のビッグファイブの一因子（外向性）として，ユングが考えたものと完全に一致はしないが，つながっていくことになる（ビッグファイブに関しては第3章で学ぶ）。加えて，ビッグファイブに留まらず，さまざまなパーソナリティ理論において，外向性もしくはそれに類似した次元があることが現在，示唆されている（Nettle, 2007 竹内訳2009）。

2.4.3 4つの心理的機能

　内向と外向とは別に，人がもっている心理的機能には4つあるとユングは考えた。その4つとは，思考（thinking），感情（feeling），感覚（sensation），直観（intuition）である（図2.5）。

　河合（1967）によると，これらの機能は次のようなものである。「たとえば，

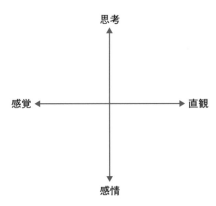

図2.5　4つの心理的機能（関根，2004）

表2.3　ユングの類型論（タイプ論）（大山，2015）

	外向	内向
思考	**外向思考型：** 客観的な事実やデータを重視し，それに基づいて筋道を立てて考える	**内向思考型：** 考える対象が自分自身の思考に向かっており，理想や主義を掲げる
感情	**外向感情型：** 周囲の人々の状況をよく理解し共感し，他人と良い関係を保つのが得意	**内向感情型：** 心の中に明確な好き嫌いの判断を持っていて，豊かで時には激しい感情を内に秘める
感覚	**外向感覚型：** 現実の人やものに対して，具体的また実際に，五感や身体的な感覚で感じ取る	**内向感覚型：** 感覚的印象にひたり空想的であるので，静かで受動的に見える
直観	**外向直観型：** 周囲の人やもの，将来の見通しなどに対してカンが鋭く，アイディアマンで活動的	**内向直観型：** カンが心の内に向かい，一見風変わりだが無意識的な閃きがある

一つの灰皿を見ても，これが瀬戸物という部類に属すること，そして，その属性のわれやすさなどについて考える思考機能」。「その灰皿が感じがいいとか悪いとかを決める感情機能」。「その灰皿の形や色などを的確に把握する感覚機能」。「あるいは灰皿を見たとたん，幾何の円に関する問題の解答を思いつくような，そのものの属性を超えた可能性をもたらす直観機能」（全て p.47）。これらの機能は各々独立した機能として考えられ，この 4 つに内向・外向の 2 つをかけ合わせると，8 つのタイプができる。これがユングのタイプ論（類型論）である。8 つの特徴については，表 2.3 を参照されたい。

2.4.4 主機能と劣等機能

4 つの機能のうち，ある個人が最も使っている機能を主機能（main function）とすると，その対立機能を劣等機能（inferior function）という。ここで劣等機能とは，まだ，未発達・未分化な機能であるという意味であって，決して弱いとか少ないという意味ではない。むしろ，未発達・未分化であるから強いとさえいえる機能である。また，主機能でも劣等機能でもないものを補助機能と呼び，人は「主機能をまず頼りとして，補助機能を助けとしつつ，その開発を通じて，劣等機能をも徐々に発展させてゆくのである。このような過程を，ユングは個性化の過程（individuation process）と呼び，人格発展の筋道として，その研究をし，心理療法場面においても人格発展の指標として用いた」（河合，1967，p.58）。

2.4.5 クレッチマーとユング

クレッチマーとユングには共通な点と異なる点がある。共通点として，両者ともに医師であり，それも精神科医である。今でいう大学病院に勤務していたことがあるのも同じであり，患者という存在があって理論を構築したことも共通である。クレッチマーはドイツ，ユングはスイスで，隣国同士であり，欧州で活動し，ドイツ語圏であることも同じである。ユングのほうが年上であるが，ほぼ同時期に類型論の理論化を行い，出版年も重なっている。クレッチマーは自身の著書においてユングの言語連想検査を紹介している（福屋・鍋田，

1986) ので，ユングを除外している様子もみられない。

　これだけ共通項があるにもかかわらず，2 人が提案した類型論に表立った共通点はなさそうにみえる。2.1.2（類型論の特徴）で述べたように，パーソナリティのどういうところに"焦点"を当てるかによって，いかに違った類型が考えられるかが感じられる。しかし，2 人とも，人のパーソナリティ理解を通じて，学問的に貢献しようとしたことは事実であろう。

2.5　その他の類型論（シェルドン）

　シェルドン（Sheldon, W. H. : 1898-1977）はアメリカの心理学者である。彼はシカゴ大学で心理学の博士号を取得した後，M.D.（医学博士）も取得している。その後 2 年間欧州に行き，ユングのもとで学んだ。彼はフロイトやクレッチマーも訪れている（Walker, 1978）。

　彼は，男子大学生約 4,000 名を対象に体格を測定した結果，体格を 3 つに分類した（Sheldon et al., 1940）。①内胚葉（endoderm）を起源とする消化器系がよく発達し，柔らかく肥満体型の内胚葉型（endomorphy），②中胚葉（mesoderm）を起源とする骨，筋肉がよく発達し，がっちりした体型の中胚葉型（methomorphy），③外胚葉（ectoderm）を起源とする皮膚組織，神経系統，感覚器官がよく発達し，弱々しい体型の外胚葉型（ectomorphy）である。それぞれ，クレッチマーの肥満型，闘士型，細長（無力）型に対応している。

　3 種類の体型に対応する気質については，①の内胚葉型は，くつろぎや，安楽を好み，人の愛情を求める内臓緊張型気質，②の中胚葉型は，大胆で活動的，自己主張をし，精力的に活動する身体緊張型気質，③の外胚葉型は，控えめで過敏，人の注意をひくことを避ける頭脳緊張型気質に対応することを示した。シェルドンの研究はクレッチマーの体格と気質の理論をより科学的に実証しようとしたものと考えられている。

2.6 類型論と特性論

　類型論という方法論を批判することは 2.3.4 で指摘したように容易である。また，コンピュータが発達して特性論が活発になり，特性論に片寄りがちな現代とも思われる。村上（2011）は「現代心理学にとって，類型論はもはや価値のない理論である」（p.82）とまで言い切っている。しかし，パーソナリティを全体的にとらえることを考えると，特性論と類型論が互いに補完し合うことで，パーソナリティ研究にさらに資する可能性があるのではないだろうか。

●練 習 問 題

1. 類型論とはどのような方法論なのか，自分が他の人に説明できるように文章で書いてみてください。
2. クレッチマーの気質類型は，具体的にはどのようなものか，述べてください。
3. ユングがタイプ論を通じて，目指したものは何か，自分なりの理解を整理して，周囲の人と話し合ってみてください。

●参 考 図 書

小塩 真司（2010）．はじめて学ぶパーソナリティ心理学――個性をめぐる冒険――
　　ミネルヴァ書房

　読みやすく，分かりやすい。とくに独学に向くのではないかと思われる。

河合 隼雄（1967）．ユング心理学入門　培風館

　ある世代の日本の臨床心理士なら誰もが読んだのではないかと思われるほどのロングセラー。ユングの膨大な理論の要点が分かりやすく一冊にまとまっている。事例も分かりやすい。

3

パーソナリティの特性論

パーソナリティと呼ばれているものを心理学的に説明するとき，2つの記述の仕方がある。一つはドイツを中心に発展したもので，多様なパーソナリティを何らかの原理に基づいた類型的な少数の型に分類して記述する類型論（第2章参照），もう一つはイギリスやアメリカで発展したもので，パーソナリティそのものを構成する基本単位（＝特性）の組合せによって記述する特性論である。本章では，後者の特性論について説明していく。

3.1 特性論

　パーソナリティを**特性論**（trait theory）で記述するとは，どういう意味だろうか。それを理解するためには，まず**特性**（trait）が何なのかを理解する必要がある。

　特性とは，端的にいえばパーソナリティそのものを構成するもののことを指す。それゆえ，特性論とはそれらの特性の高低によって人の多様なパーソナリティを説明する理論ということになる。まずはおおまかに理解するためにRPG（ロールプレイングゲーム）を例に挙げよう。

　一般的にRPGには個性的なキャラクターの特徴を示す仕組みがあり，例えば，ゲームAでは「腕力」「体力」「知力」といった8種類の特性を，ゲームBでは「攻撃力」「守備力」「すばやさ」といった7種類の特性が設定されていたりする。そして，これらに示される数値の高低によってそのキャラクターの特徴が容易に把握できるようになっている。もちろん，同じゲーム内で登場する他のキャラクターとの違いをその数値の高低によって比較することもできることから，モンスターとのバトルに有利なキャラクターを選択する際に有用な物差しとなるだろう。しかし，もしこの2つのゲームをコラボしたゲームCを作成する場合，両方のキャラクターに共通する特性を新たに設定する必要がある。なぜなら，ゲームAの「腕力10のキャラクター」とゲームBの「攻撃力10のキャラクター」はともに同じ10という数値であってもそれが示す特性が異なるため，どちらがどんな風に強いのかを比較判断できないからである。さらに，すべてのRPGのキャラクターが総出演するゲームを作るとしたら，すべてのキャラクターに共通する特性（何種類にするか，どんな中身にするか）を検討する必要が出てくるだろう（関心を持った読者は，いろいろなRPGに登場する全キャラクターに共通する特性を調べてみると面白いかもしれない）。

　パーソナリティの特性論とはほぼ上記と同様であり，これまでにも人の多様なパーソナリティを示す特性の数やその中身について，いろいろと検討されてきている。近年では，その特性は5種類あるとされているが，詳細については

後述するとして，まずは特性論の歴史から説明していこう。

3.2 オールポート

　パーソナリティの特性論という新しい研究分野において，英語による最初
のガイドブックとなった『パーソナリティ──心理学的解釈（*Personality: A psychological interpretation*）』を著した人物がオールポート（Allport, G. W.；1897-1967）である。彼はアメリカのインディアナ州生まれの4人兄弟の末子
（ちなみに，次兄のフロイド・オールポート（Allport, F. H.；1890-1948）は社
会心理学者）で，ハーバード大学でPh.D.を取得し，その後，ハーバード大学
教授となった心理学者である。1937年（彼が40歳のとき）に出版されたこの
本は，現代からすれば古典的と思われるかもしれない。しかし，パーソナリ
ティの特性論研究の端緒を開いたという点では，決して今でもその輝きを失う
ことのない名著といえよう。

3.2.1 オールポートが考えたパーソナリティ

　新たな研究分野を学問として成立させるためには，用語の定義が必須であ
る。オールポート（Allport, 1937）は，過去から現在に至るまでのパーソナ
リティ（personality）という用語の用法の歴史をたどって整理した。まず，英
語のpersonalityの語源である古代ラテン語persona（「ギリシャ劇に使われ
た演劇用の仮面」を意味する）から歴史的考察を始め，次に，神学的，哲学
的，法学的，社会学的，生物社会的，そして心理学的に用いられてきたパー
ソナリティという用語に関する49種類の定義を幅広く概観したうえで，最
終的に「パーソナリティは，個人の内部で，環境への彼特有な適応を決定
するような，精神物理学的体系の力動的機構である」（p.40）と総括的に定
義した（原文は "Personality is the dynamic organization within the individual of those psychophysical systems that determine his unique adjustments to his environment." （Allport, 1937, p.48））。

　ちなみに，パーソナリティに類似した用語として**性格**（character）と**気質**

(temperament) があるが，オールポートは次のように定義した。まず，性格という用語には社会的規範が含まれるとして，「性格は評価されたパーソナリティであり，パーソナリティは評価をぬきにした性格である」(p.43) と定義した（原文は"Character is personality evaluated, and personality is character devaluated."(Allport, 1937, p.52)）。この定義でパーソナリティとの差異を示したことにより，性格は心理学が扱う対象として不必要な概念とした（なお，英語と日本語訳の組合せには実はねじれ現象が生じているのだが，詳細は岡田 (2016) を参照）。一方，気質は「情緒的刺激に対する感受性，平時における反応の強さと速さ，主な気分の性質，気分の動揺と強度といった特性すべてを含む個人の情緒的性質の独特な現象」(p.44) と定義した（原文は"Temperament refers to the characteristic phenomena of an individual's emotional nature, including his susceptibility to emotional stimulation, his customary strength and speed of response, the quality of his prevailing mood, and all peculiarities of fluctuation and intensity in mood"(Allport, 1937, p.54)）。この定義により，気質はほぼ遺伝的なものとしてパーソナリティを作る一種の原料を意味するものと位置づけた。

3.2.2 オールポートが考えた特性

さて，パーソナリティの研究法の一つに類型論 (typology) がある（第2章参照）。しかし，オールポートは「類型の学説というものは…（中略）…個性の問題の研究法としては中途半端なもの」(p.11) として批判した。その理由として，類型論は理論家自身が選んだ人為的カテゴリーに基づいた分類であって，個人内にある「総合的な神経精神的構造には向けられていない」(p.256) こと，類型論はそれぞれがそれぞれなりの物差しで分類しているために重なり合う部分がなく，「類型学自体が相互に矛盾している」(p.255) こと，を指摘した。換言すれば，例えばクレッチマーの「体格」やシュプランガーの「価値観」といった（ある意味，理論家の恣意的な）分類カテゴリーには純粋に個人内の測定に必要な物差し以上の余分な意味づけが含まれていること，また，それぞれの分類カテゴリーは共通の物差しではないため，（例えば，長さの単位

として「インチ」と「センチ」のどちらがより真なのかを決定できないように）どの類型論が真なのかを相互に検証できないこと，以上の理由から，類型論における物差し自体がパーソナリティの研究法としてふさわしくないということである。

このような類型論とは立場を異にするオールポートは，生物・社会的，生物・物理的，それらの折衷的な概念，および習慣や態度といった心理学的概念との差異を比較検討したうえで，特性とは「一般化され，そして焦点をもつ（個人に特有の）精神神経的な体系であり，多くの刺激を機能的に等価たらしめ，適応的，表出的行動に一貫した（等価な）形態をもたらし行なわせる能力をもつもの」(p.254) と定義した（原文は "a generalized and focalized neuropsychic system (peculiar to the individual), with the capacity to render many stimuli functionally equivalent, and to initiate and guide consistent (equivalent) forms of adaptive and expressive behavior"(Allport, 1937, p.295))。

また，オールポートは，特性を**個別特性**（individual trait）と**共通特性**（common trait）の2つに分けた。まず，個別特性とは個人に固有で特殊性のある特性のことで，その人独特の個性のようなものである。一方，共通特性とは誰でも多かれ少なかれ持っている共通した特性のことで，ある個人に特徴的なものではなく多くの人に共通して見られるものである。オールポートはドイツの哲学者ヴィンデルバント（Windelband, W.；1848-1915）を引用して，個別特性は個々の事例の研究によって探求される**個性記述的**（nomothetic）なもの，共通特性は一般的原理の研究によって探求される**法則定立的**（idiographic）なものと説明した。

3.2.3 特性名リストと心誌の作成
さて，人の多様なパーソナリティを示す特性は，当然のことながらその個人の目立った行動を示す用語（主に形容詞）によって示される。しかし，すべての用語が特性を示すわけではない。そこで，特性を示す用語リストを作成するためには辞書の中から特性を示す用語を一つひとつ地道に吟味し，取捨選択していく必要がある。このように，辞書から特性に関する語彙を収集して分類

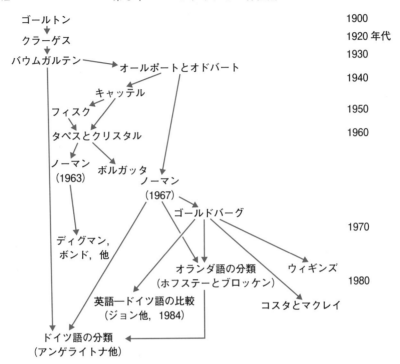

図 3.1　**パーソナリティの語彙研究の歴史**（John et al., 1988, p177）

　整理していく研究法は**心理辞書的研究**（psycho-lexical study）または**語彙アプ
ローチ**（lexical approach）と呼ばれ，ジョン他（John et al., 1988）によれば
歴史的には 1884 年のゴールトン（Galton, F.；1822-1911）による実施が最初
とされている（図 3.1）。

　オールポートとオドバート（Allport & Odbert, 1936）は，まず『ウェブス
ター新国際辞典』（1925 年版）にある約 40 万語の中から人間の態度・行動の
特徴に関する語彙 1 万 7,953 語を抜き出し，次にその中から真の特性を表す**特
性名**（trait-names）として 4,504 語を抽出し，特性名リストを作成した（その
後，これらのリストは科学的な手続き（いわゆる心理統計）に基づく研究に
よって特性を抽出する際に用いられた）。

　また，オールポートは共通特性の特徴を視覚的にグラフ化した**心誌**

_____の心誌

基底にある心理生物学的要因							パーソナリティの共通特性													
体型			知能		気質		表出的			態度的											
均整	健康	活力	抽象的	機械的	広い情緒	強い情緒	支配	開放	持続	外向性	自己への志向		他者への志向			価値への志向				
											自己客観化	自信	群居	利他主義	社会的知能	論理的	経済的	審美的	政治的	宗教的
不均整	不健康	乏しい活力	低い抽象的知能	低い機械的知能	狭い情緒	弱い情緒	服従	隠遁	動揺	内向性	自己欺瞞	自信喪失	孤独	利己主義	低い社会的知能	非論理的	非経済的	非審美的	非政治的	非宗教的

図3.2　**心誌の例**（Allport, 1937より一部改変）

（psychograph）を考案した（図3.2）。ここにはパーソナリティに影響を及ぼすとされる 7 個の基礎的な心理—生物学的要因（大きく「体型」「知能」「気質」にまとめられる）と，多くの人に共通する 14 個の共通特性（大きく「表出的」「態度的」にまとめられる）が記されている。そして，各欄の特性を下から上へと連続する数直線の物差しのようにとらえ，意味的に相反する両極の特性間のどのあたりに位置するかを点で記入し，それらを直線で結びつければ折れ線のプロフィールが作成できる。このような共通のフォーマットを活用すれば，共通特性の他者比較が可能となる（なお，このようなプロフィール表のアイデアは，現在でも多くのパーソナリティ検査の集計表で用いられている）。

　ただし，ここで注意すべきことがある。まず，特性名リストの採用基準についてオールポートは「かなりの程度の任意性」（p.263）があると述べていることから，これらのリストは厳密に作成されたものとは言い難い。次に，心誌で提示された特性群は「すべて明らかに試験的なもの」（p.366）と述べられており，これらも厳密なものではない。しかし，特性論という記述の仕方の提唱，特性を示す特性名リストの作成，特性を図示する心誌の考案など，その後の特

性論研究の方向性を示した点においては，パーソナリティ研究に強い影響を及
ぼした功績は計り知れないだろう。

3.2.4　その後のパーソナリティ研究に置き去りにされたオールポートの思い

　先述のようにオールポートは2種類の特性を指摘したが（本書 p.41 参照），
オールポートが重視していたのはどちらだと考えられるだろうか。

　彼は，「個別特性と共通特性の概念は，パーソナリティの研究において補足
しあうものである。独自なものと普遍なものとはともに探求される必要があ
る」（p.258）と述べており，両者の有用性を支持しているようにみえる。しか
し，彼が重視したのは，実は個別特性のほうであった（この著書を通読すれば，
至るところにその思いがつづられているのが散見される）。その意思が明確に
表れている箇所を以下に挙げてみる。

- 「特性の定義の厳密な意味では個別特性のみが真の特性である。なぜなら
  それは，（a）特性は常に個人にあり，彼が属する社会一般にはなく，（b）
  各人の経験によって独自な仕方で力動的な性向に発展し，一般化するもの
  だからである。共通（連続）特性はまったく真の特性ではあり得ない。そ
  れは単に複雑な個別特性の測定できる面に過ぎない。」（pp.257-258）
- 「心理学は一般性を求める法則のすき間からどこかへ，日常われわれが知
  るような個別の人間を失ってきた。パーソナリティ心理学がはっきり述べ
  ている目的は，ある人間をその人なりに心理学的事実として救い出し，そ
  れを復権させることにある。」（pp.475-476）
- 「パーソナリティの心理学の第一の目標は，個人的な形の精神生活を理解
  しようとする際にそれを助けることだが，第二次的な目標としては，共通
  特性に関して，一人の人を他の人と比べることがある。」（p.478）

　このように，法則定立的に探求される一般化された人間のこころ（the
generalized human mind）よりも個性記述的に探求される明白な個別性（the
manifest individuality of mind）を重視したオールポートは，パーソナリティ研
究における特性論が従来のものとは異なる学問であることを，さまざまな言葉
を駆使しながら語ろうとしていたように思われる。現代のように文献の収集や

データの整理が容易にできるインターネットやパソコンソフトが存在しない
時代に，数多くの情報を素手で収集するという並々ならぬ地道な努力の末に，
パーソナリティの定義，特性の定義，特性名リストの作成などを行ったことで，
個別特性の研究の土壌を整えたかにみえた。しかし，その後のパーソナリティ
の特性論研究は，オールポートの切なる思いとは裏腹に共通特性の探求へと注
がれることになった。

3.3　パーソナリティ特性の探求の歴史

　ここでは，パーソナリティ特性（いわゆる共通特性）の数とその中身を特定
していった著名な研究者を取り上げるが，その前にどうしても避けては通れな
いのが，**因子分析**（factor analysis）という心理統計のデータ解析手法である。
なぜ，パーソナリティ特性の探求と因子分析が関連するのか，説明していこう。

3.3.1　因子分析

　ここで，人物 A は「非社交的」「話下手」「心配性」な人，人物 B は「過
敏」「情緒不安定」「内気」な人，と表現されたとしよう。これら 6 つの言葉は
それぞれパーソナリティを説明する言葉であるが，「非社交的」と「話下手」
と「内気」，「心配性」と「過敏」と「情緒不安定」は相互に意味が似ているよ
うに思われる。仮に前者の 3 つの言葉は「内向的」，後者の 3 つの言葉は「神
経質」，といった 2 種類の言葉に何となくまとめられそうである。そこで，こ
の 2 種類の言葉を特性としたとき，この 2 人の人物は両方の特性を持ちつつも，
（どちらかといえば）人物 A は「内向的」な人，人物 B は「神経質」な人，と
してコンパクトに説明できるだろう。つまり，意味的類似性の高いもの同士を
縮約することで，6 つの言葉を用いなくても 2 種類の特性で 2 人のパーソナリ
ティを記述できる。しかし，このような何となくといった主観的なまとめ方で
は客観性の乏しいものになってしまうのは言うまでもない。そこで，このよう
な主観的判断ではなく客観的にまとめる手続きの一つとして用いられるのが因
子分析である。

　因子分析とは，「ある観測変数がどのような潜在因子から影響を受けているかを探る」（松尾・中村，2002，pp.14-15）統計手法であるが，紙面の都合上，詳細な説明は他の専門書に譲るとして，ここでは例を挙げながら簡単な説明にとどめておく。

　仮に，複数の大学生を対象に先ほどの6つの言葉を提示して自分自身にどの程度当てはまるかを数値（＝観測変数）で回答させたときに，3つの変数間（例えば，「非社交的」「話下手」「内気」）の相関係数が高かったとする。相関係数が高いということは意味的類似性が高いことを（主観的な判断ではなく客観的な数値データで）示しているといえる。そこで，それらの背後に共通する何らかの因子（＝潜在変数）の影響を強く受けているためにこれら3つの観測変数間に高い相関が生じていると考えて，その潜在因子を抽出していくのが因子分析である。

　このように，パーソナリティを表す多くの語彙を数値を使って統計的にまとめる因子分析は，パーソナリティの共通特性を探り出す手法としてふさわしいといえる（ただし，後述するように，この考え方も批判を受けることになる）。

3.3.2　キャッテル

　さて，オールポートとオドバートが作成した特性名リストに因子分析を適用した人物がキャッテル（Cattel, R. B.；1905-1998）である。彼はイギリス生まれで，ロンドン大学で化学を専攻した後に心理学に転じ，同大学でPh.D. を取得した心理学者である。その後，因子分析の創始者であるスピアマン（Spearman, C. E.；1863-1945）のもとで心理学を研究し，渡米後にイリノイ大学教授となった（なお，彼は知能理論でも有名で，因子分析により流動性知能（fluid general ability: Gf）と結晶性知能（crystallized general ability: Gc）を抽出した）。

　キャッテル（Cattel, 1965）は「パーソナリティとは，ある特定の場面，および特定の気分の下で行動を決定するところのものである」（p.22）と定義した。一方，特性については「比較的永続的で広範な反応傾向」（p.23）と説明し，**根源的特性**（source trait）と**表面的特性**（surface trait）の2種類に分類

した。根源的特性とは観察された行動の基底的根源として作用する特性のこと
で，「因子分析という統計的解析によって，単一次元，すなわち因子として抽
出されたもの」（p.62）とした。これは，因子分析によって特性を数量的に探
求できることを示唆している。一方，表面的特性とはいくつかの因子（根源
的特性）が重なり合って観察される特性のことである。両者を区別するために，
原子と分子の関係に例えてみよう。例えば，目に見えて観察できる水（H_2O）
という物質は水素（H）と酸素（O）から構成されているように，観察される
不安（＝表面的特性）は（キャッテルの因子によれば）「自我の弱さ（C）」や
「罪悪感傾向（O）」（＝根源的特性）などから成り立っているということであ
る。それゆえ，同じ不安といってもそれを形作る根っこの部分の特性は異なる
といった解釈が可能となる（因子名の括弧内のアルファベットについては後述
する）。

　さて，このような観点から，キャッテルはオールポートらが作成した特性名
リストを用いて因子分析を適用した。ただし，このリストをそのまま用いたの
ではなく，4,504 語を再検討して 160 クラスターに分類し直し，その後，いく
つかの特性用語を追加して 171 クラスターに整理した。次に，それらを成人
10 名に評定させ，算出した 1 万 4,535 個（171 × 170 ÷ 2）の相関係数を基に
単語リストを縮小し，35 個の特性変数リストまでまとめ直した。そして，そ
れらを 208 名（16 名 × 13 グループ）の成人男子に評定させ，因子分析（斜交
回転）を行った結果，12 個の根源的特性を抽出した。

　キャッテルは，特性用語の分析から得られた 12 個の特性に質問紙分野
で特有な 4 個の特性を加え，**16PF 人格検査**（Sixteen Personality Factors
Questionnaire）を作成した（表 3.1）。この検査により，人のパーソナリティ
は 16 個の特性の高低によって記述できることになり，オールポートの特性論
が一つの形としてここに結実したことになる。なお，これら 16 個の因子間で
相関の高いもの同士をさらに縮約し，より少ない数の因子にまとめた二次因子
（Q I ～ Q IV）も算出できるようになっている。しかし，「もし大陸のみを認め，
個々の国々についての知識を無視して世界情勢を予測しようとするならば，そ
の結論は近似的なものでしかないだろう」（p.98）と述べているように，キャッ

表 3.1　16PF 人格検査の因子

	因子	低得点	高得点
一次因子	A	打ち解けない（分裂的）	打ち解ける（情緒的）
	B	知的に低い（低知能）	知的に高い（高知能）
	C	情緒不安定（低自我）	情緒安定（高自我）
	E	謙虚（服従的）	独断（支配的）
	F	慎重（退潮的）	軽率（高潮的）
	G	責任感が弱い（弱超自我）	責任感が強い（強超自我）
	H	物おじする（脅威に対する過敏）	物おじしない（脅威に対する抗性）
	I	精神的に強い（徹底した現実主義）	精神的に弱い（防衛的な情緒過敏）
	L	信じやすい（内的弛緩）	疑り深い（内的緊張）
	M	現実的（現実性）	空想的（自閉性）
	N	率直（無技巧）	如才ない（狡猾）
	O	自信がある（充足感）	自信がない（罪責感）
	Q1	保守的（保守性）	革新的（急進性）
	Q2	集団的（集団依存）	個人的（自己充足）
	Q3	放縦的（低統合）	自律的（高統合）
	Q4	くつろぐ（低緊張）	固くなる（高緊張）
二次因子	QI	内向性	外向性
	QII	低不安	高不安
	QIII	心情的	行動的
	QIV	依存性	独立性

（注）一次因子の括弧なし因子名は通俗的名称，括弧あり因子名は専門的名称である。

テルが重視しているのは一次因子（根源的特性）であることは言うまでもない。

　ところで，各因子名につけられているアルファベット記号は重要度の順に割り当てられたもののようである（難しい表現をすると，「個人差の全体（全評定の「分散」）に最大の寄与をする因子にAという文字が与えられ，以下，大きさの順に，アルファベット順の文字がつけられている」(p.59) となる）。しかし，表 3.1 をよく見るといくつか抜けているアルファベットがある（例えば，抜けている D 因子は「興奮性」(p.85) と名づけられていた）。キャッテルによれば，「根源特性の数は多く，最低でも 25 あるが，テスト尺度への影響力という点では 16 で十分である」(p.97) と述べていることから，抜け落ちたアル

ファベットは 16PF 人格検査を作成する際に取捨選択されたと思われる。

3.3.3 キャッテルの特性論への批判

　キャッテルの文献を読むと，当時開発された因子分析をフル活用し，その結果を基に数量的に人の行動（例えば，テニスプレーヤーのプレースタイルやセールスマンの有能さなど）を予測できるとして，非常に自信に満ちあふれた表現で語られているのがわかる。また，現在のようにコンピュータや統計ソフトがない時代に，このような途方もない分析を成し遂げたことについては尊敬の念を禁じ得ない。ただ残念なことに，キャッテルの分析には特性用語リストを作成する際の言葉の追加や削除の選定基準やその手続きについて十分な説明がなされていないため，その結果の客観性や信頼性の疑わしさが指摘されている（John et al., 1988）。しかし，キャッテルの研究は後述するビッグファイブへとつながる研究に大きな影響を与えている。

3.3.4 ギルフォード

　ギルフォード（Guilford, J. P.；1897-1987）はアメリカのネブラスカ州生まれで，コーネル大学にて Ph.D. を取得し，その後，南カリフォルニア大学教授となった心理学者である（なお，彼は 120 個の知能因子（4 個の内容（content）× 6 個の所産（product）× 5 個の操作（operation））からなる知能構造理論（structure of intellect theory）の提唱者としても有名で，集中的思考（convergent thinking）と拡散的思考（divergent thinking）を見出した）。

　1940 年代に，ギルフォードは因子分析を用いて STDCR 因子や GAMIN 因子など 3 種類の性格検査を作成し，そこからパーソナリティ特性として 13 因子を抽出した（表 3.2）。それゆえ，ギルフォードの特性はキャッテルのように特性用語リストを用いた語彙アプローチではなく，因子分析を用いて性格を測定する質問紙の作成を通して抽出されたものといえる（ちなみに，これらのアルファベットは因子名の頭文字である）。

　なお，矢田部達郎・辻岡美延・園原太郎がギルフォードの性格検査の日本語版として（M 因子を除く）12 因子に簡略化して作成したものが，**矢田部ギル**

表3.2　ギルフォードの13因子

S	social（社会的内向・外向）
T	thinking（思考的内向・外向）
D	depression（抑うつ性）
C	cyclic tendency（回帰性傾向）
R	rhathymia（衝動性，のんきさ）
G	general activity（一般的活動性）
A	ascendance（支配性）
M	masculinity-femininity（男性度・女性度）
I	inferiority（劣等感）
N	nervousness（神経質）
O	lack of objectiveness（客観性の欠如）
Co	lack of cooperativeness（協調性の欠如）
Ag	lack of agreeableness（aggression）（攻撃性）

フォード性格検査（YG性格検査）である。この検査は12個の特性の高低によってパーソナリティを記述できるとともに，5種類の性格（A類～E類）に分類することもできる。

　このYG性格検査は広く使用されているが，續他（1970）は12因子を分析したところ，たったの3因子（対人関係，劣等感，活動性）に縮約されたと指摘したことから，その因子数が疑問視されるようになった。また，村上（2005）はYG性格検査の信頼性の低さを指摘している。YG性格検査は有名な検査ではあるが，そのような批判を受けていることを心に留めておく必要があるだろう。

3.3.5　アイゼンク

　アイゼンク（Eysenck, H. J.；1916-1997）はドイツ生まれで，ロンドン大学でPh.D.を取得し，その後，モーズレイ病院心理学部長やロンドン大学教授を務めた心理学者である。彼はパーソナリティ研究だけでなく，実証科学主義的立場から精神分析を痛烈に批判し，学習理論に基づく行動療法を推進したことでも有名である（なお，アイゼンクの著書『精神分析に別れを告げよう』

(1985) には彼の心理学に対する姿勢が非常によく表れているので一読をおすすめする）。

　キャッテルやギルフォードとは異なり，より少ない因子でパーソナリティ特性をとらえようとしたアイゼンクは，ギルフォードの性格検査の項目を再検討し，社交性，衝動性，活動性などから構成される**外向性**（Extraversion: E），ストレス状況下や問題に直面した際の不安，抑うつ，動揺などに関係する同じような**神経症傾向**（Neuroticism: N），の 2 因子からなる特性を抽出し，1959年に**モーズレイ性格検査**（Maudsley Personality Inventory: MPI）を作成した。よって，人のパーソナリティは 2 個の特性の高低によって記述できるということになる。なお，この検査では，外向性と神経症傾向がともに高い神経症的外向型（精神病質（psychopath）：非行や犯罪的行動など行動面での問題を引き起こしやすい）と，外向性が低く神経症傾向が高い神経症的内向型（ディシミック（dysthymic）：不安神経症，心身症など性格上の問題を引き起こしやすい）の判定を出すことができる。

　その後，1963 年には MPI の改訂版となるアイゼンク性格検査（Eysenck Personality Inventory: EPI）を作成し，1975 年には**精神病質傾向**（Psychoticism: P）という特性を追加した 3 因子モデル（ビッグ・スリー，または PEN モデル）に基づくアイゼンク性格質問紙（Eysenck Personality Questionnaire: EPQ）を作成した。さらに，1992 年にはアイゼンク性格質問紙改訂版（Eysenck Personality Questionnaire-Revised: EPQ-R）が作成された。

　このようにアイゼンクは精力的にパーソナリティ研究を進めてきたが，日本で公刊されている検査は実は初版の MPI だけであり，最新版である EPQ-R でさえも日本語版は作成されていない（2019 年現在）。

3.4　ビッグファイブ（5 因子モデル）

　ここまでのパーソナリティ特性の研究によれば，オールポートは（試験的ではあるが）14 個，キャッテルは 12 個，ギルフォードは 13 個，アイゼンクは 2個（後に 3 個）の特性があると報告した。それぞれの研究者のたゆまぬ努力に

より，いくつかの特性が抽出されたものの，いずれもその数と中身が普遍的に
まとまることはなかった。

　果たして，パーソナリティ特性はいくつあるのだろうか——そういった長年
の疑問に対する一つの見解としてまとまってきた仮説がビッグファイブ（Big
Five）（または5因子モデル（Five-Factor Model: FFM））である。

3.4.1　語彙アプローチが導き出した5つの特性

　図3.1に示したように，1940年代後半から1960年代にかけて，キャッテル
が作成した特性用語リストを用いたいくつかの研究（例えば，フィスク，タペ
スとクリスタル）において，因子の中身に違いはあるものの，似たような5因
子にまとめられたことが報告された。ただし，これらは先述したように批判
を受けたキャッテルの特性用語リストに基づくものであった。一方，ノーマ
ン（Norman, 1967）は『ウェブスター新国際辞典　第3版』（1961年版）か
らパーソナリティ特性を表す1万8,125語を収集し，そこから一定の手続きに
基づいて厳選し，新たなリスト（1,431語の形容詞と175語の名詞と25語の未
分類の単語）を作成した（John et al., 1988）。

　その後，1980年代頃までには，大きく2つの流れを汲む研究結果が報告さ
れた。一つはキャッテルのリストを用いた6つの研究（先ほどのフィスク，タ
ペスとクリスタルなどを含む）を再分析して5因子構造を確認したディグマン
とタケモト-チョック（1981）の研究，もう一つはノーマンの新しいリストを
用いた因子分析により5因子を得たゴールドバーグの研究であった。これらは，
それぞれ異なる特性用語リストに由来する語彙アプローチ研究であったにもか
かわらず，ともに5因子構造を示していたことから，次第にパーソナリティ特
性は5因子であるというコンセンサスが得られるようになった。

3.4.2　5因子特性に基づいたパーソナリティ検査

　ゴールドバーグなどの語彙アプローチによって導き出された仮説は「ビッグ
ファイブ」と呼ばれる一方，コスタとマクレイの生理学的モデルによって導き
出された仮説は「5因子モデル」と呼ばれている（村上・村上，2001）。

表 3.3　NEO-PI-R の 5 次元の特徴（下仲他，1999 より一部改変）

	因子名	特徴
N	神経症傾向	非現実的な思考を行動を行いがち，自分の怒りをコントロールできない，ストレス対処が下手
E	外向性	社交的，人が好き，活動的，おしゃべり，興奮することや刺激的なことが好き，エネルギッシュ
O	開放性	内的・外的世界への好奇心，経験豊か，より鋭くポジティブ・ネガティブな情動を経験，非伝統的
A	調和性	利他的，他者への同情，他者への援助に熱心
C	誠実性	目的を持ち意志が強い，きちんとしている，時間をよく守る，信頼されている

（注）各因子の傾向が強い場合の特徴を記載している。

　コスタとマクレイは，キャッテルの 16PF 人格検査の再分析から 1985 年に**神経症傾向**（Neuroticism: N），**外向性**（Extraversion: E），**開放性**（Openness: O）の 3 次元からなる NEO-PI（NEO Personality Inventory）を作成した。その後，ゴールドバーグの用いたリストなどの分析結果から 1989 年には**調和性**（Agreeableness: A），**誠実性**（Conscientiousness: C）の 2 次元を新たに追加し，その改訂版となる NEO-PI-R（Revised NEO Personality Inventory）を作成した（下仲他，1999）。

　日本では，日本語版に作成された**日本版 NEO-PI-R** とその短縮版の**日本版 NEO-FFI**（NEO Five Factor Inventory）がある（**表 3.3**）。

3.4.3　ビッグファイブ（5因子モデル）への批判

　オールポートによる特性論の提唱から約半世紀の時を経て，（彼が本来求めていた特性ではなかったが）パーソナリティ特性は 5 因子であるという仮説が有力となった。しかし，このビッグファイブ（5因子モデル）に対しても批判がないわけではない。

　例えば，マクアダムス（McAdams, 1992）は 5 因子モデルでは特性レベルを超えたパーソナリティの核心を示せないこと，また，ハーマンスとケンペン（Hermans & Kempen, 1993）は因子的特性間のダイナミックな相互関係が個人の中で何を意味するのかが不明であること，を指摘している。つまり，5 因

子特性の高低を折れ線グラフで示すことはできても，そのプロフィールによってパーソナリティの全体像を示すことはできないという批判である。

　このような批判は一理あるが，むしろ，これはパーソナリティの基本単位の探求という旗印を掲げる特性論が内包している理論的な弱みなのかもしれない。しかし，最近の研究によると，ガーラックら（Gerlach et al., 2018）は150 万人という大量のデータから 5 因子モデルは 4 クラスター（Average（平均的），Reserved（おとなしい），Role Models（模範的），Self-Centered（自己中心的））に分類されると報告しており，5 因子特性の高低からパーソナリティの全体像を見出す試みもなされつつある。

3.5　パーソナリティという概念への批判

　オールポートは，さまざまな文献を集めてパーソナリティの概念を整理し，そのうえで特性論の研究へと道を開いた。しかし，近年ではパーソナリティという概念そのものへ批判が向けられるようになった。ここでは，**社会構成主義**（social construction）と**人間―状況論争**（person-situation controversy）（あるいは，**一貫性論争**（consistency debate））を取り上げる。

3.5.1　社会構成主義が示唆するパーソナリティ

　社会構成主義とは何だろうか。バー（Burr, 1995）はそれが「北アメリカ，イギリス，それにヨーロッパ大陸の著者たちの，混じり合った影響から生まれてきた」（p.14）と説明しつつも，社会構成主義を特定する唯一の特徴は存在しないとも述べている。それゆえ，社会構成主義を厳密に定義することは難しいが，ここではひとまず，"近代科学（モダン）的な枠組みによる真実やありふれた常識を「現実は（人と人との言語的なやり取りを通して）社会的に構成される」という視点から再考することにより，新たな考え方を探っていこうとするポストモダン的な枠組み"として議論を進めることとする（ただ，この説明も簡単ではないので，もっと端的にいえば"これまで構築されてきた諸学問の土台となっていた前提とは異なる前提で新たにとらえ直そう"ということに

なるのだが，詳細についてはガーゲン（Gergen, 1999）を参照してほしい）。

バー（Burr, 1995）によれば，「人なつっこい」とか「内気な」といったパーソナリティを示す言葉はあたかも"人の内部に存在する実体"を指しているように見えるが，社会構成主義的に考えれば，それらは他人との関係があることを前提にしたうえでの"人との関係を指し示す言葉"ということになる。例えば，家族，友人，バイト先など，自分と相手との関係性によって自分の振る舞い方を変えていることは，ほとんどの読者が該当するだろう。つまり，社会構成主義は「パーソナリティ……を，人びとの内部でなく，人びとの間に存在すると考えること」（pp.41-42）（原文は"to think of personality...as existing not within people but between them"（Burr, 1995, pp.26-27））, あるいは「パーソナリティを，特性や特徴の形でわれわれの内部に存在するものとして見るのではなく，むしろわれわれという人を，社会的な出会いや関係の所産として——つまり社会的に構築されたものとして見ること」（p.45）（原文は"Rather than view personality as something which exists inside us, in the form of traits or characteristics, we could see the person we are as the product of social encounters and relationships – that is, socially constructed."（Burr, 1995, p.28））を提案していることになる。

かつて，オールポートはパーソナリティを個人の内部（within the individual）にあるものとしていたが，それは他者との関係のうえに成り立っているという（よく考えれば当たり前の）前提を切り離した考え方であったといえる。果たして，オールポートの求めていたパーソナリティという概念は正しいものだったのだろうか？

3.5.2 人間─状況論争（一貫性論争）が示唆するパーソナリティ

もう一つ，5因子特性に至った長きにわたる研究の歴史の裏側で，パーソナリティ特性の研究に対する的確な批判をした代表的人物がミシェル（Mischel, W.；1930-2018）である。彼は，オーストリアに生まれたがナチスから逃れるために幼少時にアメリカへ移住した。オハイオ州立大学でPh.D.を取得し，その後，コロンビア大学教授となった。彼は子どもの自制心と社会的

成功の関係を調べたマシュマロ・テストでも有名な心理学者である。

　ミシェルは，状況変数がパーソナリティ変数よりも人間の行動の決定因として重要であるとする**状況主義**（situationism）の立場からパーソナリティ研究を痛烈に批判した。このミシェルによる批判は，「それまでに為された多くの実証的な研究を検討した上で…（中略）…パーソナリティ特性が行動を予測する上で有効でないと主張した」（岩熊，2007，p.3）ことや，ミシェルの「著書の影響が強力であったのは，問題点が明確に表され，関連したデータが整然と並べられていた」（若林，1993，p.297）ことなどにより，パーソナリティ研究に強力なインパクトを与えたことから，人間―状況論争（一貫性論争）と呼ばれる。では，その中身を見てみよう。

1.　ミシェルによるパーソナリティ概念の批判

　パーソナリティが「人間の内部にある何らかの実体」を想定するならば，**継時的安定性**（temporal stability）と**通状況的一貫性**（cross-situational consistency）を前提とすることになる。継時的安定性とは，例えば，「楽天的な」人は時間が経過しても安定して「楽天的な」行動を示すように，時間的な一貫性があることを指す（もし，時間の経過によって変化していたら，パーソナリティ概念による行動の予測は成立しなくなる）。一方，通状況的一貫性とは，例えば，「内向的」な人は自宅，職場，学校，宴会の場など，さまざまな状況においてもある程度一貫して「内向的」であるように，状況を通じての一貫性があることを指す（もし，ある程度一貫していなければ，やはりパーソナリティ概念による行動の予測は成立しなくなる）。

　さて，ミシェル（Mischel, 1968）は膨大な実証データを検証したうえで，「行動は常にそれが引き起こされる状況的文脈に影響されており，またほんの少しでも状況が変化すれば，個人の行動は必ずしも一貫するとはいえない」（p.43）として，パーソナリティ概念を批判した。オールポートが49種類の定義を概観し，新たな研究対象としてパーソナリティ概念を打ち立てたことで，特性論研究の知見が蓄積されてきた。しかし，ミシェルが指摘したようにパーソナリティに一貫性がないとすると，果たしてこれまでの知見は何を指していることになるのだろうか？

2. ミシェルによる特性の批判

　ミシェル（Mischel, 1968）はパーソナリティ特性についても批判をしているが，ここでは3つの言及から説明する。

(1)「パーソナリティ特性に与えられる名前を説明的実体として援用することは，行動についての解釈を行動の原因と混同することになる」(p.44)

　ミシェルは，例えば，「彼が不安げに行動したのは，不安の特性があるからだ」のようにある特性を用いて説明しようとすると，特性論というのは循環論に陥る説明の仕方になってしまう危険性があると批判した。換言すれば，行動を基にして推測した心理状態（前者の「不安」）がそうした推測の基礎になった行動そのものの原因（後者の「不安」）として扱われたとしたら，それは同じ言葉による説明をただ繰り返しているだけなので，何も説明できていないことになる。まさに「特性ラベルと行動自体の記述とを混同してはならない」(p.72) わけで，特性論にはそのような危険性があるということになる。

(2)「一部の研究者は因子分析を通じて，基底にひそむ個別的な心理学的特性の「純粋な」測定に至ろうと試み，因子分析が人の基本的特性を分離してくれるだろうと期待している。しかしながらその結果は…（中略）…根底にひそむパーソナリティ特性の発見を行うようなものではない」(p.53)

　ミシェルは，「因子分析によって抽出された因子は，特定の測度間の相関関係を反映しているに過ぎない。因子は根底にひそむ実体ではなく，記述的なカテゴリーなのである」(p.55) と批判した。つまり，抽出された因子はパーソナリティの根源的な特性を抜き出しているわけではなく，あくまで特性用語間の相関関係が高いもの同士を寄せ集めただけものということになる。かつて，キャッテルは因子分析によってパーソナリティの根源的特性を抽出できると豪語していたが，ミシェルの指摘に基づけば，因子分析を使ってもパーソナリティの特性はわからないということになる。

(3)「特性評定を基礎にしたパーソナリティ因子は，人の内的性格よりも，むしろ特性用語によって暗示される意味に起因している」(p.75)

　ミシェルは，ある性格検査を用いて被検者にまったく知らない人について評定させた場合とよく知っている人について評定させた場合の両者の因子構造が

非常によく似ていたという研究データを基に，パーソナリティ因子は他者の内部に存在するのではなく，観察する側が特性用語そのものの意味の影響を受けてまとめられた（観察する側の認知の）カテゴリーにすぎないと批判した。この指摘に基づけば，ビッグファイブ（5因子モデル）は「特性の要約的意味を反映するものであって，パーソナリティ認知の枠組みを説明するものではあるが，パーソナリティ自体を説明するものではない」（若林，1993，p.307）ということになる。

　以上を総括すると，特性を用いた記述には循環論に陥る危険性が伴うこと（1），因子分析はパーソナリティ特性を抽出しているわけではないこと（2），しかも抽出された因子は（人のパーソナリティの内部にある特性ではなく）観察する側の枠組みに基づいて寄せ集められた特性用語群にすぎないこと（3），となる。果たして，これまで特定されてきたパーソナリティ特性とは何だったのだろうか？

3.「イフ・ゼン（もし～したら，そのときには～）」に見られる人格の表出パターン

　ミシェルの批判は至極真っ当なことのように見える。しかし，それでもなお，私たちの自然な感覚からすると，誰にでも一貫したパーソナリティというものが何となく存在するように思う読者もいるのではないだろうか。しかし，抜かりのないミシェルはそのことについても的確に言及している。

　ミシェル（Mischel, 2014）は，治療のための合宿に参加していた攻撃的な子どもたちの行動を分析した結果，非常に攻撃的な子どもたちは常に違う状況でも同じように攻撃的になる（＝通状況的一貫性）のではなく，特定の状況に限って攻撃的になり，それ以外の場合はそうはならなかったと指摘した。つまり，その子どもは，もしAという状況だとしたら，そのときには攻撃的になるけれども，もしBという状況だとしたら，そのときには攻撃的にはならない，ということである。このような行動パターンをイフ・ゼン（if-then）と呼び，ミシェルは「ほとんどの人には，その人ならではの固定した「イフ・ゼン」の行動パターンがある」（p.223）とともに，「固定的で首尾一貫しているのは，一人ひとりに特徴的な『イフ・ゼン』のパターン」（p.224）であるとした。し

たがって，私たちが何となく一貫したパーソナリティの存在を感じているのは，実はこの「『イフ・ゼン』パターンが長期にわたって変わらず一定しているから，人は特定の特性を首尾一貫して示すと考えるようになる」（p.225）というわけである。

　なお，ミシェルはこれまでのパーソナリティ研究について次のように言及している。――「一貫性に関する私たちの直観は，矛盾してもいないし幻想でもない。ただそれが，20世紀の大半を通じて研究者たちが探し求めてきた種類の一貫性でないだけだ」（p.225）と。実に絶妙なフォローに舌を巻くしかない。さぁ，今後のパーソナリティ研究はどこへ向かうのか，楽しみである（詳細は第7，8章を参照）。

コラム3.1　ミシェルの鋭い批判から目をそむけるな！

　パーソナリティの特性論研究を厳しく批判したミシェル（Mischel, 1968）は，投映法検査についても次のような鋭い批判をした（現在は「投映」「被検者」の表記が用いられるのだが，以下の引用文は，訳書のまま「投影」「被験者」とした）。

　「投影検査法は，単に被験者をほとんど構造化されていないあいまいな状況に直面させているに過ぎず，結果として得られたデータから，どんな意味が抽出されるかは，解釈者に依存している。…（中略）…それらのデータを順序づけたり，数量化し分類したり，理論が示唆する変数を推定する作業は，測査者に委ねられている。」（p.117）

　投映法とは被検者の無意識がわかるものと考えている人がいるかもしれない。しかし，ミシェルの指摘から考えると，投映法とは被検者の無意識が現れるのではなく，ただ単に，"あいまいな状況における被検者の反応の仕方が反映されているにすぎない"，あるいは"もしあいまいな状況に置かれたとしたら，そのときにはある特定の反応をするという「イフ・ゼン」パターンを示しているにすぎない"といえるかもしれない。

　ミシェル（Mischel, 1968）の書籍は非常に示唆に富む内容が多いのだが，なぜか絶版になっていて入手困難となっている（2019年現在）。しかし，読み返すたびに新たな発見があり，是非とも再版を願う一冊である。

●練習問題

1. オールポートが提唱したパーソナリティの特性は次のうちどれか，2つ選んで下さい。
　　①個別特性　　②表面的特性　　③根源的特性　　④共通特性
2. ビッグファイブで挙げられている5つの特性について説明して下さい。

●参考図書

オールポート，G. W. 詫摩 武俊・青木 孝悦・近藤 由紀子・堀 正（訳）（1982）．
　　パーソナリティ——心理学的解釈——　新曜社

　　オールポートの著書である。書店での入手は困難だが，大学の図書館に所蔵されていることが多い。非常に分厚く重厚な内容であるが，パーソナリティの特性論の原点を知るうえでは欠かせない書籍である。

バー，V. 田中 一彦（訳）（1997）．社会的構築主義への招待——言説分析とは何か
　　——　川島書店

　　社会構成主義をまず簡単に理解するには非常に役立つ良書。内容的にも読みやすく，新たなものの見方を提供してくれる刺激的な本である。

ガーゲン，K. J. 東村 知子（訳）（2004）．あなたへの社会構成主義　ナカニシヤ
　　出版

　　より深く社会構成主義を知りたい読者におすすめの良書。ページ数は多いが，比較的平易な文章で訳されているのでわかりやすい。また，臨床心理学にも関連した記述も見られ，非常に興味深い内容となっている。

松尾 太加志・中村 知靖（2002）．誰も教えてくれなかった因子分析——数式が絶対
　　に出てこない因子分析入門——　北大路書房

　　なかなかわかりづらい因子分析を知るためには非常に有用な書籍である。タイトル通り，数式が出てこないので，数学が苦手な人にも読みやすい。

村上 宣寛（2005）．「心理テスト」はウソでした。——受けたみんなが馬鹿を見た
　　——　日経BP社

　　パーソナリティ研究は結果的には心理テストの作成につながり，それらの多くは臨床現場や企業で用いられる。特に有名な心理テストを使えば本当のパーソナリティがわかりそうな気がするが，実はそうではないという衝撃的事実を教えてくれるのがこの書籍である。したがって，心理テストに幻滅したくない人にはおすすめしない。

ミシェル，W. 柴田 裕之（訳）（2015）．マシュマロ・テスト——成功する子・しな
　　い子——　早川書房

　　パーソナリティ研究について痛烈な批判をしたミシェルが，子どもを対象にマシュ

マロを使った研究もしていたという新たな一面を見せてくれる書籍である。しかも，単なるマシュマロといえども目から鱗の内容も多い。わかりやすく訳されているので，非常に読みやすい良書である。

4

パーソナリティの
精神分析理論

　本章では，フロイトにより創始された精神分析の，パーソナリ
ティの理論について学ぶ。精神分析では，人のこころには意識でき
ない無意識の領域があり，無意識からの心的エネルギーが，行動や
心的現象に影響を与えると考える。直接見ることができないこころ
の深い部分を把握し，治療に役立てることを目的として作られたも
のが，パーソナリティの精神分析理論である。

パーソナリティの精神分析理論とは

　精神分析（psychoanalysis）とは，フロイト（Freud, S.；1856-1939）により創始された心理療法／精神療法（psychotherapy）で，専門的な訓練を受けた者が，症状や問題改善を望む患者／クライエント（以下，Cl と略す）に行う心理的な治療のことである。日本では，医師が行う場合は精神療法，心理士が行う場合は心理療法と呼ばれている。本章で述べるパーソナリティの精神分析理論は，フロイトと彼の後継者たちが，臨床実践を通して解明していったこころの機序をイメージ化・体系化したもので，パーソナリティ構造についての作業仮説である。

　精神分析では，精神分析における Cl への理解と治療を進めるため，仮説に基づくパーソナリティ理論が作られる。そのため，新たな臨床知見が見出されるたびに修正が加えられてきた。さらに，精神分析が治療対象とする病の範囲が広がったこと，そして精神医学や心理学などにおける新たな知見が発見されたことなどにより，パーソナリティ理論はフロイトの時代から発展し，現在では多様な理論が構築されている。

　精神分析において治療のためにパーソナリティ理論が作られる過程は，次のようになろう。

1. 実際の臨床活動において，こころに関した内容が，言動，症状，夢などを通して Cl から表現される。

2. 精神（心理）療法家（以下，Th と略す）と Cl は協力して，表現されたものはどのような意味があり，どうして症状や問題が起きているのかを探索する。

3. こころに関する適切な意味づけ，関連，理解が見出されると，Cl に変化が起きる。

4. Th は変化が生じた機序を考察する。その考察を基に，Th が Cl に関わり，1〜4 が繰り返される。

5. 多数の事例データが蓄積され，他領域からの知見も統合されて，多くの Cl に適用できる治療機序が考察される。そして，Cl のこころの状態をモデル

化したパーソナリティ理論が構築される。

パーソナリティ理論の基盤である臨床活動は，一定の構造化された面接の中で行われる。精神分析の面接は，精神分析の訓練を受けた Th と寝椅子に横になった Cl が，1回50分，週4回以上の自由連想法（こころに浮かぶことを意識的にコントロールしないで，できるだけそのまま面接場面において言語表現していく）による面接を行うことが必要である。週4回以上の頻度設定になっているのには主に2つの理由がある。

1. Cl が本来なら気づきたくない自身の内界にある感情や思考を意識化することは，辛い作業である。そのため，どのような感情や思考を持っても非難されないという安心感と，心的苦痛に立ち向かうための支えを，Th から十分に得られるという信頼感を Cl は必要とする。

2. 精神分析では，Cl にとり重要な対人関係を Th との間で再現（転移）することが重要である。この，重要な他者との問題を現在進行形で直接扱えるようにするために，Cl と Th 間には十分な関係性が必要になる。

つまり，精神分析では，Th と Cl の間に密接なこころの交流を必要とするためである。

フロイトの時代に形作られた面接構造は，現代でもその重要性が認められている。しかし，技法・治療機序の理解が進み，精神（心理）療法の対象が拡大するに伴い，応用版としての精神分析的精神（心理）療法が，現在では広く用いられている。面接時間や自由連想法を使用するという基本構造に変わりはないが，頻度が週1～3回と少なくなり，寝椅子ではなく対面に座る方法によって行われることが増えている（小此木，2002）。

面接構造に変化はあるが，現在の精神分析も，**無意識**（the unconscious），**心的決定論**（psychic determinism），を有用な基本仮説として考えることに変わりはない（Brenner, 1973 山根訳 1980）。人のこころを「意識的なこころと無意識的なこころの両方から成り立っている」（日本精神分析協会，2019）ものと見なすことが精神分析の大前提である，そして，無意識的なこころの動きにより，人の言動や感情は影響され，決められることが少なくないと考える。フロイトやその後継者たちは，面接においてある心理的現象を精査していくと，

無関係に見えていた Cl の体験と症状間に心理的な関連があることを何度も見出した。このことから身体現象と同様に心理的現象も，生起する原因を持っており，「心においても偶然，つまり，でたらめに起こるものは，なに1つない」(Brenner, 1973 山根訳 1980, p.2) と考えている。この因果関係を作る機序を説明するためにパーソナリティの精神分析理論が作られた。

パーソナリティの精神分析理論では，一定の条件に構造化された面接設定の中で，Cl と Th 間にある特殊な二者関係が作られる。そして面接において，Cl が自身の無意識を探求する作業を通して表現したこころについてのデータを使用して，より適切な心理的治療を行うことがパーソナリティ理論の目的である。

4.2 臨床実践とそこから導かれた仮説

4.2.1 フロイトの臨床実践

フロイトは，当初から精神療法家となることを目指してはいなかった。1856年5月6日にオーストリア（現在のチェコ）に生まれ，ウィーン大学医学部に入学後，生理学研究所において神経細胞の研究に従事した。しかし経済的問題から開業医として生計を立てる必要に迫られ，1886年，30歳で個人開業医としてのキャリアを開始することとなった（馬場，1977）。フロイトのもとを訪れた患者には，身体的原因が見出せないにもかかわらず身体の麻痺などを呈する女性たちがいたが，当時は効果的な治療法がなかった（Baker, 1952 宮城訳 1975）。フロイトは開業前の1885年から1886年にかけてフランスのパリに留学している。そして，サルペトリエール病院の医師であり神経学者であるシャルコー（Charcot, J. M.；1825-1893）が，ヒステリー患者に催眠を使って麻痺の症状を誘導する講義を聴講した。この経験からフロイトは，ヒステリー患者を催眠状態に誘導し，催眠が覚めたときには症状が治癒していると暗示する治療を始めた（Brenner, 1973 山根訳 1980；馬場，1977）。しかしこの治療法も不十分であった。そこでフロイトは，以前，内科医であるブロイアー（Breuer, J.；1842-1925：ブロイエルと表記される場合もある）から聞いた治療方法を試みた。それは，催眠状態の中で，患者本人が症状の原因と思わ

れる出来事を話すことで，身体麻痺などの多様な症状が改善したというもので
あった。この治療法をフロイト自身の患者に試みたところ，症状の改善を得る
ことができた。フロイトは，この実践研究をブロイアーとの共著『ヒステリー
研究』（1895）として出版している。フロイトはヒステリー治療に取り組む中
で，ヒステリーの症状は意識化すると非常に苦痛を起こす記憶を防衛するため
に，患者自身が無意識に作り出したものであるという理解に至った。また技法
を，催眠から，患者が自身の理性によりに内界を探索する**自由連想法**へと進化
させた。フロイトは当初，症状の原因を外傷的出来事があったためと考えてい
た。しかしながらヒステリー症状の治療を通じて，フロイトは，患者が「そう
だ」と思っている心的現実（psychic reality）が，抑圧されて症状を作る力を
持つのではないかと考えるようになった。そして，1900 年に出版した『夢判
断』において，本能的欲動が心的現実を作るのだという内因欲動論へと転換さ
せていった（藤山，2008）。

　1890 年代後半から 1900 年頃にかけて，自由連想法による面接を通して，フ
ロイトが確立した 5 つの基礎概念を，馬場（1977）は次のようにまとめている。

1. 神経症症状は無意識的な意味を持つこと

　『ヒステリー研究』（1895）で示されたように　身体麻痺などの症状は患者本
人には忘れられていた心的外傷体験により引き起こされていた。このことから，
こころには，意識することができないが，症状を形成するほど，影響力を持つ
存在があると考えた。

2. 抵抗と抑圧の存在

　自由連想の経過で，症状形成に関連した重要な記憶に患者が近づくと，連想
が止まったり，患者本人が自由連想をしたくないと言い出すことが認められた。
このことより，重要な記憶を思い出すことへの抵抗があり，不快な記憶を無意
識にとどめておこうとする抑圧の存在が考えられた。

3. 力動的な葛藤への着目

　『ヒステリー研究』で報告されたミス・ルーシー・R は，ある臭いに悩まさ
れる臭覚障害を起こしていた。彼女は，母親のいない子どもたちの家庭教師
として雇われていた。彼女が症状を消失することができたのは，抑圧していた

出来事を，関連するものとして想起し，自身の主体性を回復したときであった。それは，子どもたちの父親に抱いた愛情をなかったことにしようとしたこと，彼から自分への冷たい態度にショックを受けたこと，ショックを受けた際に嗅いだ臭いだったこと，である（Breuer & Freud, 1895 金関訳 2004）。この事例を通して，本人の持つ欲求と意識化を拒む抑圧により起こる葛藤，つまり，相反する心的エネルギーのせめぎ合いが神経症症状を作り出すという考えが導き出された。

4. 幼児期の重視

　フロイトは，患者の自由連想が，外傷的な出来事が起きた時点からさらにさかのぼっていくことを体験することで，遺伝的素質とともに幼児期の親子関係を素因として重要視するようになった。

5. 性的要素の重視

　患者の連想する内容は，性的な体験を多く含んでいた。そのためフロイトは，性的要素が症状形成に果たす役割について考察を深めていった。その結果，症状の因果関係を，生殖のための性に限定せず，幼児期から存在する，より広い意味での本能的な性衝動エネルギー（リビドー：libido）と，その抑圧の葛藤ではないかと仮定した。

　上記の基礎概念は，パーソナリティの作業仮説へと結実していった。1つ目は局所論的モデルである。抵抗と抑圧の存在より，無意識，前意識，意識というこころの体系の仮説が考えられた（吉田，1977）。2つ目は構造論的モデルである。リビドー衝動に反対する力としての自我本能が仮定された（深津，1977）。さらに面接において，患者の中には治療が進み症状が改善すると，心身状態の悪化やわざわざ不幸を招くような行動を起こす人がいることが気づかれた。このことから，無意識的罪悪感という道徳的なこころの働きの存在が推定された。また，夢分析からは無意識を検閲する機能が見出され，超自我の概念を仮定することとなった（小此木，1977）。3つ目は適応論と防衛機制に関するものである。抑圧だけでなく，自我がどのように葛藤を処理するのかの探求により，防衛機制の詳細な研究へと発展していった。

4.3 各 論

精神分析は，人のこころと行動を，1.構造的，2.力動的，3.経済的，4.発達的，5.適応的，な観点から理解していこうとする（前田，1985）。本章でも，この考えに基づいて説明することとする。

4.3.1 自我の構造論，経済論，力動論

1. 構 造 論

フロイトは，行動や症状として表現された精神活動を理解するために，こころは次の3領域で成っていると考えた。それは，①今注意が向いており，考えることができる**意識**（consciousness），②注意を向ければ思い出すことができる**前意識**（preconscious），③自分では思い出せない，考えることができないが，失錯行為や夢，転移の中で表現される**無意識**（unconscious）の領域である。そして，こころを氷山に例えると，意識は海上に出ている氷山の一角にすぎず，その下には巨大な無意識があると見なした。これを局所論的モデルという（Freud, 1915 井村訳 1970）。さらに，こころを，3種の機能を持つ装置としてモデル化した。これが**構造論的観点**（structural point of view）と呼ばれるモデルである。こころの3種の機能は，**イド**（id：原語のドイツ語であるエス Es と呼ぶこともある），**自我**（エゴ：ego），**超自我**（スーパーエゴ：superego）と名づけられた（Freud, 1923 井村訳 1970）。図 4.1 は，この後に説明する発達的，適応的な概念を加えた，こころのモデル図である（前田，1994）。

イド（エス）は原始的で本能的な欲動の貯蔵庫のような領域で，快・不快に基づいて欲望を充足しようとする。超自我は父親，母親のような重要な他者との関係を内在化して道徳的な要求や禁止，理想の追求を行う。自我はイド（エス）の欲動，超自我からの禁止，外界からの要請間の調停役として，さまざまな**防衛機制**（defense mechanism）を用いて適応的な行動や思考を行おうとする（小此木，2002）。

人のこころは，赤ん坊のような自分の欲望のみで生きようとする部分（イド：エス）から始まる。それが，大切な他者との交流を通して禁止や理想を

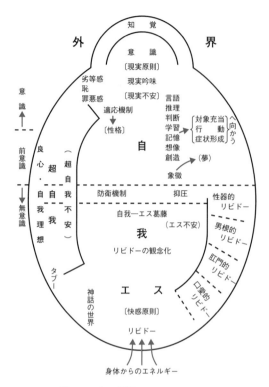

図 4.1　**心の地図**（前田，1994）

身につけ（超自我），知覚や記憶等の発達により"わたし"としてのまとまり（自我）が形成される。そして，「〜したい」という欲望，「〜すべき」の思い，実際に可能であるのか，のバランスをとりながらこころは保たれているのである。

2. 経 済 論

経済論的観点（economic viewpoint）とは，心理的な現象を，心的エネルギー量の増減によって理解しようとする考え方である（小此木，2002）。こころにある総エネルギー量は一定で，ある領域に関するエネルギーが強くなると，他の領域のエネルギーは弱くなると見なされる（鈴木，2018）。そして，「快を求めることは，興奮量をできるだけ少量か，あるいは恒常に保つこと」という

考え方である（井村，1970）。経済論に基づくと，例えば，対象への愛情が増えれば，自己愛に向かっていた心的エネルギーはその分減少することになる。しかし現在では，対象愛の基礎には自己愛も必要であると考えられている。つまり，こころのありようは，単純に相反する動きではないと見なし，こころの働き方はエネルギーの均衡だけでは説明できないと考えるようになった。そのため，一定量の心的エネルギーの増減で人のこころのありようを説明しようとする考え方は不十分だといわれている（藤山，2008）。

3. 力 動 論

　力動的観点（dynamic point of view）とは，「人間の心身の現象や行動を，無意識の世界までも含めて，力動的な因果関係の過程のもとに理解してゆこうとする立場」（前田，1985）である。これは，人のこころはある構造を持ち，心的エネルギーが行き来しているという前提のもとでの考え方である。つまり，人のこころの中では，イド（エス）と自我と超自我間の葛藤があり，重要な他者と自身の要求間の葛藤があり，内界と外界からの要求の葛藤があると考える。そしてさらに，それぞれが組み合わされ，力強く生き生きとした動きが常に生じているのである。このように，人の心的現象や行動は，どのようなものであれ，さまざまな葛藤の妥協の結果として自我により選ばれたものであるととらえるのが力動論である。

4.3.2　自我の適応論——防衛機制

1. 適応論的観点（adaptive point of view）

　人は，外界へ適応しようとし，さらなる良好な適応状態を求めようとする。そのため自我は，イド（エス），超自我，外界からの刺激を受けて，本能不安（エス不安），超自我不安（道徳的不安），現実不安が生じる（前田，1985）。これらの不安を処理して，こころの安定を図るには，自我の中に防衛機制が発達する必要がある。これまでさまざまな防衛機制が，臨床実践を通して見出されているが，ここでは基本的なものを以下に挙げる（小此木，2002）。

(1) 抑圧（repression）は，最も基本的な防衛機制である。強い不安を喚起する本能的衝動を無意識の領域へと抑圧し，意識に上ってこないようにする働き

である。

(2) 退行（regression）は，現在の発達段階や分化した機能から，以前の発達段階や未分化な機能に戻ることをいう。そして，適応困難な状況に対して，より早期の発達段階で用いられる適応方法によって処理しようとする。退行には，遊び，睡眠のような可逆的で健康な退行と，自我のコントロールを失いその状態にしがみついてしまう悪性の退行がある。

(3) 置き換え（displacement）は，ある対象に向けられた欲求や葛藤を抑圧し，より無害な対象や方法で表現することである。そして置き換えでは，身体の一部に麻痺が生じるなどの症状は，本人が容認できない欲求を抑圧し，身体に置き換えて表現していると考えられている。

　ある特定の人に対して向けられた感情や関係を，他の人に向けて表現することは**転移**（transference）と呼ばれる。また，そのまま表現すると不適切な欲求を，社会的に受け入れられる形に置き換えて表現することは**昇華**（sublimation）と呼ばれ，自我発達の一つの指標になると考えられている。昇華例には，ボクシングや格闘技といった攻撃性をルール内で表現するものがある。

(4) 反動形成（reaction-formation）は，受け入れ難い欲求や衝動を，正反対の形で表現することである。反動形成は，社会的に受容され難い内容を，価値的によいと考えられている形に逆転させて表現しているので，適応的な機能でもある。しかし，反動形成として気をつけたほうがよいときもあり，それは，わざとらしさや行き過ぎが目立つ場合である。例えば，攻撃性や敵意を抑圧・否認して礼儀正しくするが，丁寧さが度を超えて慇懃無礼になるような場合である。

(5) 取り入れ（introjection）は，人が食べ物を食べて自身の一部にするように，他者の特性を内的に自分のものとするこころの働きである。そして，他者の外観や特性を取り入れて，相手のようになることは**同一化**（identification）と呼ばれる。児童や青年が，見本とする人のようになりたいと努力することは，健康な同一化の現れである。しかし，よく見られる同一化ではあるが健康的とは言い難い機制として，アンナ・フロイトが注目した攻撃者への同一化がある。

その同一化では，児童が自分に痛い思いをさせた人の属性を取り入れて，自身が攻撃をする側に立つ。そして，「恐怖を与えられる者から恐怖を与える者に変化する」（Freud, A., 1936 外林訳 1958, p.141）ことで，不安を処理しようとする機制である。つまり，自身を攻撃した相手に対してではなく，自身より弱い対象に攻撃が向けられるのである。このため，心理的には行動上の因果関係があるが，客観的には原因と結果がつながっていない。

(6) 投影（projection）は，自分の中にあるが自身では認め難い衝動や願望を，外界や他人，他の集団が持つ特徴であるととらえることである。無意識的に外界のある特徴を強調し，ある特徴を見ないようにするので，現実が適切に認識されなくなる。

　防衛機制はすべての人が持ち，病的なだけでなく，健康な適応の際にも使用される。ただし，ある防衛機制が強く働きすぎたり，状況に関わりなく常に同じ防衛機制を用いてしまうなどが生じると，逆に適応を難しくしてしまう。防衛機制の働きは，極端であってはならない。硬直化しないことが肝要であり，多様な防衛機制が柔軟に使用されることが健康的であると考えられている。

4.3.3　精神・性的発達理論

　フロイトの精神・性的発達論は，成人の精神（心理）療法の中で，Cl により想起された子ども時代の話を基に構築された。つまり，現実の乳幼児観察によって作られたものではない。しかし現代においても，精神（心理）療法面接では，「からだの言葉を含んだメタファーで，精神分析は人間のこころを考える」（藤山, 2008, p.37）ことが治療に有用である。したがって，フロイトの発達段階は，大きな準拠枠として多くの Th に支持されている（藤山, 2008）。そして，どの時期の発達段階に問題が生じたのかという準拠枠で Cl の話を傾聴することで，現在の行動への影響と意味づけを考察していく。

　フロイトによれば，人は生まれたときから，5 段階の過程を経て成長していくと考えられた（**表 4.1**）。この精神・性的発達論について，藤山（2008）は，自身の臨床体験を基に次のように解説している（年齢は小此木（2002）より引用）。

表4.1　子どもの発達に応じた対応の様式（前田，1994）

年齢	欲動	自我の発達	不安		対応の様式
（およそ）1～2月 5月	口愛期	正常な自閉	破滅不安		「抱え」による平静化
		正常な共生	分離不安（抑うつ）		融合による一体化
3歳	肛門期	分離-個体化へ			母-子分離の練習
	男根期	対象恒常性の確立 エディプス関係（三者関係）	自尊不安（去勢不安）		現実直面による適切な脱錯覚（誇大自己への脱錯覚）
5～6歳	潜伏期	自我・超自我の確立	道徳的不安（超自我不安）		共感的理解 現実に即して明確化
12歳	性器期	同一性の確立	現実不安（心的ストレス）		内省による問題解決への努力

　最初の口唇期（oral phase）は，生後からおよそ1歳半までの頃に当たる。口唇には，生存のための栄養摂取と快感が混合しており，乳房（母親）との関係での空想を子どもが持つ時期である。食べると食べたものはなくなってしまう。そのため口唇期の不安は，子どもが，自分の関わりで対象を破壊してしまう不安として体験されるのである。この時期の口唇的体験が満たされない場合は，口唇期的な攻撃性（相手を噛む，噛みちぎる）空想を持つことになる。

　肛門期（anal phase）は，1歳半から4歳頃までで，現実生活におけるトイレットトレーニングの時期である。外からのコントロール要請を，自分自身にとっても快的なこととして取り込み，「自分をコントロールすることと他者からコントロールされることの折り合いをつける」（藤山，2008，p.183）ことが課題となる。子どもはウンチを出す出さないで，養育者を喜ばせたり動揺させたりすることができる，自分の中にあるものを「保持する」「出す」とコントロールすることで，周囲へ影響を与えられることになる。

　男根期（phallic phase）は，2歳半頃より5歳頃までである。自分の欲望を突出させ，自分らしく行動したいという自己主張の気持ちと，思うがままに権力を振りかざすと，自分が対象からつぶされてしまう不安を持つ時期である。

　そして潜伏期（latency period）と呼ばれる，仲間づくりや新しい知識を取り込むことに向かう時期を経て，最終的に性器期（genital phase）が始まる。

　性器期は 12 歳頃から始まり，性器愛（genitality）が重要な目標となる。性器愛とは，長い時間にわたり，相手を尊重し協力する関係を維持し，何かを作り育てていく責任を引き受ける，人としてのあり方のことである。

　精神分析の目標は，快感覚を起こす身体のさまざまな領域に関連した空想に取り組む過程を経て，最終的には愛することと働くことができる，「生産性」を身につけた人になることである（藤山，2008，p.185）。つまり，身体部位に関連はしているが，身体の反応そのものだけを言っているのではない。身体も含めたこころの発達段階を明らかにすることが，精神・性的発達理論である。

　精神・性的発達理論の他に，精神分析にはいくつかの発達理論がある。これらに共通しているのは，乳幼児期の経験と生まれつきの資質との相互作用により，人のこころは発達していくという点にある（Milton, Polmear, & Fabricius, 2004 松木監訳 2006）。

4.4　ま と め

　フロイトの死後も精神分析は，Cl への治療法としての実践を重ね，理論的発展を遂げている。また，フロイトが考えたこころについての概念は，日常生活に浸透し，広く使用されるようになっている。例えば，無意識の存在，こころにあるエネルギーの葛藤やせめぎ合いにより行動が決まるという見方，こころには欲動の貯蔵庫や道徳律に従わせようとする機能があるという考え方などである。

　精神分析は，密接な対人関係が起きるように人工的に面接構造を作り，症状や課題を持った人を対象にしている。そのため，精神分析から得られたこころの状態や機能を，健康な人や現実生活にそのまま応用するのは注意が必要である。こころに関する理論を使用する際には，どのような歴史を持って作られたのかを知ったうえで適用することが肝要であろう。

●練習問題

1.　人のこころはある構造を持ち，心的エネルギーがあるという前提で作られた理論で，構造間には葛藤などによる心的エネルギーの動きがあると考えるものはどれか。
　　①構造論　②経済論　③力動論　④適応論

2.　精神・性的発達段階で，自分をコントロールすることがテーマになる時期は，以下のどの時期か。
　　①口唇期　②肛門期　③男根期　④性器期

3.　人が外界と内界に適応するために作られた防衛機制を行っている，こころの部分はどこか。
　　①イド（エス）　②自我　③超自我　④前意識

●参考図書

鈴木 晶（2007）．図解雑学 フロイトの精神分析　ナツメ社
　　イラストや図解を使い，精神分析についてわかりやすく書かれている精神分析の入門書である。

ブロイアー，J・フロイト，S. 金関 猛（訳）（2004）．ヒステリー研究（上・下）
　　筑摩書房
　　上巻が事例についての記述，下巻が理論的考察になっている。こころの不思議さと面白さに触れられるので，上巻の事例報告の部分だけでも目を通してみることを勧める。

藤山 直樹（2008）．集中講義・精神分析（上）――精神分析とは何か　フロイトの
　　仕事―― 岩崎学術出版社
　　大学の授業を基に作られているので，平易な語りかける文章になっている。臨床家が，理論をどのように嚙み砕いて理解しているのかがわかる。

5

パーソナリティの
発達理論

　私たちのパーソナリティはどのようにして作られているのだろう
か。いつも幼稚園の先生のエプロンの陰に隠れて，他の子が遊んで
いるのを眺めていた記憶や，小学校時代は同級生と基地を作って遊
んでいた記憶。中学に入ると学校なんかどうでもいいと思って親に
反抗したこともあったし，高校では気の合う友達とバンドを組ん
で，はじめて人前で歌って楽しかった。その時々で自分のパーソナ
リティはどうだったであろうか。今は，そしてこれからはどうだろ
うか。本章では，パーソナリティを発達的側面から考えてみること
にしよう。

5.1　遺伝か環境か

　生まれたばかりの新生児（生後1カ月まで）にも，夜ぐっすり寝て日中機嫌よく過ごしている赤ちゃんもいれば，ちょっとした物音にもすぐに目を覚ましてぐずって泣き出してしまう赤ちゃんもいる。このように，赤ちゃんにも個人差があるが，生まれてすぐの赤ちゃんでは，パーソナリティに影響を及ぼすような経験をしているとは考えにくい。

　そこで，心理学では遺伝の影響を調べる双子間の研究や家系の研究が行われている。一卵性双生児は，1つの受精卵が2つに分かれたので，持っている遺伝子は同じであると考えられている。一方，二卵性双生児では違う受精卵から成長しているので，兄弟姉妹の間柄と同じである。そこで，まったく違う環境で育てられた一卵性双生児が，同じパーソナリティであれば，パーソナリティは遺伝によるものであると考えられるし，異なるパーソナリティであれば，パーソナリティの形成は環境によるものであるといえる。二卵性双生児が同じ環境で育てられていて，異なるパーソナリティであればそれは遺伝によるものであると考えられるだろうし，同じパーソナリティであれば，環境による可能性が高いともいえるであろう。

　家系の研究については，音楽家を多く輩出する家系や芸術家を多く輩出する家系，社会的逸脱行動を起こす人が多い家系などが見られることが明らかにされ，遺伝的なものが関係しているのではないかと考える向きもある。しかし，それは一流の音楽に囲まれて育ち，幼少期の頃から楽器をおもちゃ代わりにして遊び慣れ親しんでいた中で，自らの才能や能力を磨き自身の存在を見出したというものや，家庭の中がいつもすさんでいて代々親としてモデルとなる存在がなく，犯罪に対しても罪悪感が育たなかったなどの劣悪な環境の中で育つしかなかったというように，その家庭環境が影響を及ぼしていたからだとも考えられる。家系の研究は先祖をさかのぼって研究されているが，史実・事実がどこまで明らかにされているのか，時代背景や社会の構造や文化などの違いをどのように考えるかなど問題は多いといえよう。

5.2 環境による影響

　愛着（attachment）とは乳児と養育者との間に形成される，両者をお互いに接近させようと働く心理的結びつきのことである。あるいは，特定の人と人との間に形成される愛情に基づく結びつきのことであり，一般的には愛情の絆，こころの結びつきなどと呼ばれる。養育者との間にこの愛着がうまく形成されるかどうかがその後の子どものこころの発達，あるいは対人関係の発達に大きな影響を及ぼす。

　ハーロウ（Harlow, H. F.；1905-1981）は生まれたばかりのアカゲザルを針金製の母親ザル人形と針金に布を巻いた母親ザル人形のあるケージに入れて観察をした（図 5.1）。子ザルは布製の母親ザル人形にしがみつき，針金製の母親ザル人形には抱きつかなかった。針金製の母親ザル人形に熱を与えると生後20 日までの子ザルたちは抱きつくが，それ以降のものは布製の人形に抱きついたままであった。そこで，針金製の人形に哺乳瓶を取りつけてみたら，おなかがすいたときだけ針金製の人形のところに行ってミルクを飲み，飲み終わるとまた布製の人形のほうに戻っていった。さらに針金製の人形をリズミカルに揺らしてみたら，針金製の人形にしがみついて揺れることを楽しんでいた。こ

図5.1　ハーロウによるサルの代理母親の実験（Harlow & Mears, 1979）

図 5.2　社会的に隔離されたアカゲザル（Harlow & Mears, 1979）

の実験は，乳児が好んで要求する条件＝母親の持つ条件（マザーリング）とは，適当なぬくもりと柔らかさ（肌ざわり）とミルク（食料）と適度な揺れ（動き）であるということを説明するために紹介されることが多い。この研究をパーソナリティの発達の観点から見てみると，この実験で育った子ザルは成長の途中で自分を傷つけたり，攻撃性が強くて仲間に入れなかったりするなど，社会的行動や適応に問題を見せた（**図 5.2**）。つまりは実験そのものによって情緒的に不安定になってしまったのである。このようにしてみると，パーソナリティには環境が大きな影響を与えるといえよう。

　このように，発達初期に母親や母親に代わる養育者から十分な愛情を与えられないことを**マターナル・デプリベーション**（maternal deprivation；**母性剥奪**）といい，施設などで育った子どもたちに見られる発達の遅れの問題（ホスピタリズム；hospitalism）から，乳幼児期の環境の重要性が指摘されている。さらには動物（主としてオオカミ）にさらわれて育てられた野生児（アヴェロンの野生児やカマラとアマラ）のように，人間社会に戻っても性格が凶暴で適応が難しいという事例なども環境の影響を示している。

　また，行動主義心理学者のワトソン（Watson, J. B.）は，「生まれたばかりの子どもを自分に預ければ，どんな人間にも仕立て上げることができる」と極

端な意見を述べたが，発達を学習理論的にとらえる背景には，このような環境
論の考え方が強くあるのである。

5.3　遺伝と環境との関係

　このようにしてみると，遺伝説についても環境説についてもその重要性を理
解することには意味があるが，どちらか一方によってのみによるものであると
は考えにくい。そこでシュテルン（Stern, W.；1871-1938）は遺伝も環境も重
要であるという**輻輳説**を提言し，広く受け入れられた。これは遺伝的要因と環
境的要因とが寄り集まって加算的に寄与しているとするものである。ルクセン
ブルガーの図式（**図 5.3**）が示すように，対角線で遺伝的要因と環境的要因と
を明確に区切り，遺伝的要因が大きければ環境的要因の影響は小さく，環境的
要因が大きければ遺伝的要因は小さいというように，両者に重なる部分はなく，
独立した存在であるとしていた。

　一方，発達において遺伝要因と環境要因はお互いに影響し合っているとする
相互作用説では，例えば，親子関係の間では子どもにもともと生得的に備わっ
ている気質的なものに，養育者が持っている性格特徴や育児に対する考え方，
養育態度，あるいは出生順位などのきょうだい構成などが，相互作用によって，
子どもの気質だけでなく，養育者側の要因も子どもの影響を受けて変化してい
くと考えられている。それは，人生の初期の環境や対人関係に限定されたもの
ではなく，時間的な経過の中で，子どもと養育者との間でお互いが作用し合っ

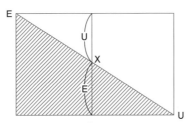

E：遺伝要因
U：環境要因
X：ある形質の位置

図 5.3　ルクセンブルガーの図式（高木，1950）

ていたように，さまざまな人との関係の中でその後のパーソナリティが形成されていくという考え方である。そのため，パーソナリティは人生のある決まった時点で完成するのではなく，生涯にわたって発達していく中で，さまざまな経験や周囲の環境によって変化し成長していくものであると考えられる。

5.4　エリクソンのパーソナリティ発達理論

　パーソナリティは，日常のさまざまな状況において，その人にとって独自の関係と意味を持った体験を通して形成されていく。それではパーソナリティを発達の観点から見たらどうだろうか。

　パーソナリティがどのようにして発達していくかという研究は，多くの学者によって研究がなされ，独自の理論が展開されている。ここでは，エリクソンの理論を取り上げる。

　エリクソン（Erikson, E. H.；1902-1994）は，1902年にドイツのフランクフルトで生まれた。北欧出身のユダヤ人の血を引いていたが，実の父親については知らされずに育ち，彼が3歳のときに母親が彼の主治医でもあった小児科医ホーンブルガーと再婚した。彼のミドルネームHはこのホーンブルガーの頭文字である。エリクソンは，北欧系の風貌であったため，ドイツ人の社会の間ではユダヤ人として差別を受け，ユダヤ系社会や教会では外国人だと差別を受けた。養父は医学部への進学を勧めたが，親の言いなりになりたくなかったエリクソンは，当時若者の間で流行していたワンダーフォーゲル運動に影響を受け，画家を目指して絵を描きながらヨーロッパ中を歩いて旅をした。このあたりの彼の出生や経験が，後の「アイデンティティ」などの概念に大きな影響を及ぼしたと考えられている。その後，ウィーンでフロイトの娘，アンナ・フロイトに師事して教育分析を受け，精神分析家としての資格も得るが，第二次世界大戦を機にアメリカに移住した。その後は臨床家としてまた発達心理学者として理論を打ち立てた。

　エリクソンの理論は，フロイト（Freud, S.）の精神分析学的発達理論を発展させたものである。フロイトの理論は人間の発達を心理―生物学的にとらえ

て，人間がもともと持っているリビドーが発現し，それによってその人の発達の方向が決まるとする性的発達論であった（第4章参照）が，エリクソンは，人間の発達をその人個人を取り巻く人間関係や社会・文化等との関係からとらえ，その相互作用から心理的・社会的発達理論を展開させた。

　エリクソンは，フロイトが重要視した乳児期から思春期だけでなく，パーソナリティの発達は包括的な全生涯にわたるものであると考えた。彼の理論では，人間の一生が8つの**発達段階**（developmental stage），乳児期・幼児初期・幼児期・学童期・青年期・成人期・中年期・老人期に分けられている。それぞれの段階において固有の心理・社会的な**発達課題**（developmental task）が存在し，それを達成するためには，葛藤状態である**心理的危機**（crisis）を経験しながらもバランスをとりながら乗り越え，発達課題を達成できたときに次の新たな発達段階に入っていくと考えた。これには，成長に向けて土台となる強さがプラスに働くポジティブな側面と，退行に向けて病理を引き起こしかねないマイナスに働くネガティブな側面とが考えられる。彼の理論はその葛藤状態の中で，それらのバランスが発達に影響を及ぼすと考えるものである。心理社会的危機の解決では，ポジティブな側面がネガティブな側面を完全に排除することはあり得ず，ポジティブな側面が上回って暫定的なバランスを得て社会的に適応できていることを示している。すなわち，発達は自己と周囲との調和・バランスによってその上に成り立つものであり，それを崩しかねない心理的危機に際したときにポジティブな側面がネガティブな側面を上回りながらバランスをとるのである。そのためこの理論における発達課題は○○対△△という対の形で表される。

　生命の循環としての**ライフサイクル**（こころの健康（healthy personality）と個人，家族，コミュニティ）において，こころの健康は個人・家族・近隣との脈絡の中で回復し，向上するものである。どんな人にでも心理的危機（発達的・必然的危機，状況的・偶発的危機，複合的危機）は訪れ，それにどう取り組み克服するのかが肝要であるとエリクソンは考えた。

　図5.4はパーソナリティの生涯発達と健康の条件に関するエリクソンの理論に基づき，習得される人間力（human strength）／ヴァーチュ（virtue：徳 =

	ポジティブな ライフタスク	人間力 ヴァーチュ（徳）	ネガティブな ライフタスク
老年期	統合	英知	絶望
成人期	世代・生殖	世話	停滞
成人初期	親密	愛	孤立
思春期・青年期	自我同一性	忠誠	役割拡散
学童期	勤勉	自己効力感・適格	劣等
幼児期	主導・積極	目的	罪責
幼児初期	自律性	意思	恥・疑惑
乳児期	基本的信頼	希望	基本的不信

図5.4　エリクソンの理論に基づく発達段階（岡堂，1985）

道徳性，人間の魂にあって人間らしくするもの，倫理）を中心に，ライフタスクを左（ポジティブ）と右（ネガティブ）に配置したもので，2つのライフタスクのバランスが大切であるとしている。

　それでは人生の8つの段階について，以下で一つひとつ見ていこう。

5.4.1　第1段階——基本的信頼の獲得 対 不信

　第1段階は，生後1カ月から1歳半くらいまでを中心とした乳児期に当たる。この時期に乳児が達成すべき発達課題は，自分を取り巻く世界に対する基本的信頼感と，世界に受け入れられ，やっていける自分への基本的信頼感を形成していくことである。乳児は一人で生きていくことはできない。おなかが空いたり，おむつが濡れるなど不快な思いをしたり，機嫌が悪くなったりすると，周囲にそれを泣いて知らせる。養育者は乳児の要求を的確にとらえて対応し，母乳やミルクを与えたり，おむつを替えたり，あやしたりする。乳児と養育者との間に，求めて応えられる相互関係が存在する。ここで重視される養育者との相互性は，物理的な充足感だけでなく，心理的な充足感という関係の質をも意味する。愛情や甘えを受容された経験を積み重ね，適切かつ親密な関わりによって養育された乳児にとって，周囲は自身の欲求を満たしてくれる信頼に値する世界であるという他者への信頼感と同時に，自分は周囲に受け入れられる

存在なのだという自分への信頼感を生み出す。乳児にとって大事にされることによって生じる生きていいのだという感覚は，与えられるものではなく，獲得するものである。それによって，乳児は少しの間養育者が自分から離れてもやがて戻ってくることを信じて，おとなしく待っていられるようにもなる。

　しかし養育者が，乳児がいくら泣いても乳児の欲求を的確に受け取ることができなかったり，乳児の行動に対して適切なタイミングで反応できる能力を持たなかったりすると，あるいは養育者の不在や乳児への拒否，放任，虐待などで乳児の欲求に対する適切な対応がなされなかったりすると，乳児の欲求は満たされない。すると，相互性よりもむしろ，養育者による一方的な強制による支配へのさまざまな試みが生じることになる。例えば授乳を適切に得られなければ乳児は自分の指を吸うという代替行動によって得られなかったものを得ようと試みるが，乳児の欲求は満たされない。養育者は乳児の欲求に適切に応えられず，乳児が泣き続ける間さまざまに試み，やり方を変えてその状況を支配しようとするが，乳児が本来求めていないものを用意しても，相互性のずれは広がるばかりである。この経験が続くと，乳児は周囲に不信感を抱き，周囲に受け入れてもらえない自分の存在にも不信感を抱くようになる。

　乳児に乳歯が生えてくると授乳時に母親の乳房に歯が当たり，母親が痛がる。すると，乳児はびっくりした顔をするが数日で歯が当たらないようにして母乳を吸えるようになる。このように基本的信頼と不信は，決して一方だけからの働きかけによるものではなく，乳児にもっとも身近な存在である養育者との相互関係の中で，人生の初期に形成されるものであり，その後の発達の過程において，自分と他者を信頼し，情緒的，継続的な人間関係を構築する基礎となる。いくら養育者が乳児の欲求をすべて満たしてあげようとしても，実際にはそれは不可能である。そのため，ある程度は欲求が満たされないことで生じる不信を経験しながらも，基本的信頼が上回れば「希望」という自我の力を獲得して次の段階に進むことができる。

　もし基本的信頼よりも不信が上回ったままでいると，この段階に固着して対人面での信頼関係が形成されにくく，他者も自分をも信頼することができなくなってしまう。

　エリクソンはこの基本的信頼を健康なパーソナリティの第1の構成要素として位置づけ，現実の母親との関係を通じて，乳児は自らの中に母親体験をイメージとして抱くようになり，その現実の母親と内的イメージとしての母親の両者がともに子どものパーソナリティの形成に必要不可欠であると考えた。

5.4.2　第2段階——自律性 対 恥・疑惑

　第2段階は，1歳半くらいから2，3歳くらいまでの幼児初期に当たる。この時期は全身の筋肉や運動機能，さらには言葉が急速に発達する。それに伴って，幼児は自分自身の体を使って遊んだり，時に親の手を振りほどいて走り出したりする。また自我が芽生えてきて，それまでは養育者にしてもらっていたことを「自分でやる」と言ってやりたがったり，あるいは多少頑固になって何でも「イヤイヤ」と言い張ったりするなどして自己主張するようになる。それは決して自分でやりたいようにやるというわけではなく，「一人でできる」ということに関心を持つのである。実際に起こした自分の行動が成功体験につながることは，幼児にとって大きな喜びである。さらに言葉のやりとりができるようになり，それまで養育者からの一方的な言葉かけが中心であったものが，双方向の会話が成立するようになるなど，自分の意思で自ら行動してその範囲を広げたり，自己主張をし始めたりする時期である。

　しかしこの時期の幼児は自分でやりたいと思っても自分の能力を超えた課題に挑戦してしまうと，経験的にも能力的・技術的にも未熟でなかなか思うようにはうまくできずに失敗することが多い。そのため，なぜできないのかと自分への疑惑を感じたり，養育者から叱られて恥ずかしさを体験したりする。こうしたときに養育者が厳しく叱ったり，何でも先回りして過剰に干渉したりしてしまうと自律性は育たず，自発的に行動しようとする意欲や自信がもてなくなり，恥や疑惑ばかりを感じるようになってしまう。この課題が未解決のままだと，不安が強く失敗を恐れて新しいことへの挑戦に躊躇し，自信を失い，消極的になる。

　例えばこの時期のしつけの一つとしてトイレットトレーニングが始まる。これは自己制御の仕方を学習することである。乳児の頃はおむつの中に排泄する

と「いいウンチが出たのね」と褒められていたものが，幼児の側からすると，ある日突然「もう大きくなったからおむつにしてはいけません」と言われてしまうのである。この混乱は幼児にとって大きなものである。養育者に知らせてトイレで排泄できれば，褒められて自信を持つことができるが，失敗すると恥ずかしさやなぜ叱られるのか，と自分に対する疑惑を抱く。トイレットトレーニングには筋肉運動が十分に発達していなければならず，なおかつそれを自分の意思でコントロールできなければならない。この能力が備わる前にトイレットトレーニングをしても成功はしない。

　こうした成功と失敗を繰り返しながらも，成功が失敗を上回ることで意思を持ち自律性が備わっていくのである。一方，体罰などの力ずくによるしつけは攻撃的行動を生みやすく，愛情を示さないしつけは不安や依存心から承認欲求を生みやすい。エリクソンは永続的な自律と自尊の感覚について，自己評価を失っていない自己統制の感覚から生まれると指摘した。この段階は，意志力という自我の力を獲得する。

5.4.3　第3期――積極性 対 罪悪感

　この時期は3歳くらいから4，5歳までの幼児期に当たる。幼児初期に自律性が育まれることによって，さらに周囲の環境を探索する際に，自分で考えてあれもこれもと果敢に行動するという積極性の獲得がこの時期の発達課題である。エリクソンは，これを傷つかない積極性と表現している。これは自分自身をコントロールする能力に自信が持てるようになったからこそ生じるものである。失敗にとらわれることなく，たとえ危険に見えてもひるむことなく，それまでよりもずっと正確な目標に向けて努力する姿勢のことである。またさまざまな活動の結果を観察することもできるようになる。保育園の先生を怒らせることはどんなことか，どんなことをしたら母親を喜ばせることができるかを知るようになる。そして時には，わざと敵対行動をすることによって相手の敵意に満ちた反応を引き起こしたりもする。このように自分を取り巻く世界への好奇心を広げていく。さらにこの時期は語彙も増え，言語能力も運動能力もさらに発達してくる。大人と会話するだけでなく，子どもたち同士で会話をして意

思の疎通を図ることができるようになってくる。そこでは大人の真似をしてみたり，周囲への興味関心を広げて探索を続け，「どうして？　何で？」を連発したりするなどの積極性が表れてくる。また子どもだけでルールを作り遊んだりすることが増えてくる。しかし，まだ善悪の判断がつきにくいこの時期には，自ら行動して周囲に働きかけることによって周囲との軋轢を生むこともある。同世代の子どもたちとの間で，力づくで欲しいものを取り合ってけんかを生じさせたりすると，養育者に怒られたりもする。そこで養育者からの適切なしつけや公共場面での振る舞いに対する助言，さまざまな役割を体験する「ごっこ遊び」等を通して，自分以外の子ども（仲間）と関わることで社会性を身につけ，規範意識が少しずつ芽生え始め，良心が確立され，それが道徳心の基礎となる。しかし，養育者により過度に厳しくしつけられたり，他の子どもたちと常に比べられて怒られたりした経験は，子どもにとって不安や罪悪感を引き起こし，自主的な行動を抑制してしまうこともある。

　養育者は身体的危険のない範囲で子どもの行動をあまり規制せずに，できるだけ多くの体験をさせることが重要である。この積極性と罪悪感のバランスがうまくとれれば，この時期の心理的危機を克服し，大きくなったら何になるか，というような目的意識という力を獲得できることになる。しかしうまく克服できずに固着すると，自尊心の低下につながる。

5.4.4　第4期——勤勉性 対 劣等感

　この時期は6歳くらいから12，3歳くらいまでの学童期に当たる。子どもは小学校に通い始め，幼児期までとは比べものにならないほどたくさんの知識や技術を学んでいく。小学校教育の目標は心身の発達に応じた初等教育を施すことである（学校教育法）。日常生活に必要な国語や数量的関係を正しく理解して使用したり，自然現象を科学的に観察して処理したりする能力を養い，心身の調和的発達を図ること，そして何より学校内外での社会生活の経験に基づき，人間相互の関係について正しい理解と共同，自主および自立の精神を養うことなどが掲げられている。学校という家庭よりも大きな社会的組織の中で守られながら，それまで知らなかったことや気づかなかったことについて学び，知識

や教養・能力・技術を獲得し思考力を発展させていく。その中には子どもたちが関わるべき課題がたくさん用意されている。学校教育は，子どもたちの年齢段階と能力に配慮して，それに見合った基本的な知識や技術を系統立てて学習させ習得させていく。そのために，やさしく簡単なものから次第に難しいレベルのものが提示される。はじめは簡単にクリアできるものでも，次第に形を変えたり，応用させたりすると子どもにとっては難しく感じることもある。さらにどこまで理解し能力を獲得したかを，テストや成績などの外的な評価で表されることも経験する。そして，クラスの仲間たちとの関係や教師との関係の中で，自分の行動を周囲（他者）が評価するという体験から，他者の期待に応えようと努力する。それらに対して，教師や養育者，仲間からの「上手にできているね」「ここまで頑張ったね」「あと少しだ」といったポジティブなフィードバックは，子どもたちにやる気を起こさせ，さらなる能力の増大に通ずる動機づけになる。自分が挑戦したことに対して，周囲の人たちから認められて褒められ励まされると，それまで頑張ってきたことを自分自身の中で受け入れることができ，自信が持てるようになる。これが有能感・自己効力感であり勤勉性につながる。

しかし，すべての分野を上手にやり遂げられるという子どもはほとんどいない。自分が試みようとするすべての技能が必ずしも習得されるものではないことを子どもは自覚する。また，「○○ちゃんのほうが上手だな」「△△君はすごいな」と他者と比較することはよくある。しかしそれが行き過ぎてしまったり，周囲からばかにされたりすると，「だから自分はだめなんだ」と劣等感を抱き，何をしてもどうせ無理だとあきらめてしまったり，仲間との間での自分の地位に望みを失ったりしてしまう。特に学校での失敗や公的な嘲笑は，否定的な自己像を作り上げてしまう。ここに固着してしまうと，自分の能力に自信が持てずに何をやってもだめだと不適格であると思い込んでしまう。

日常生活における成功や失敗の体験を通して，この時期の子どもたちは，勉強や努力をすること，頑張ることが，自分が願う能力を習得できる，あるいは周囲に認めてもらえるということが自分にもたらされることを学習する。どんなに努力しても□□君にはかなわないということを知ることも大切であり，そ

の劣等感を抱えつつも，勤勉性が上回る体験を多くすることで自己効力感を獲得し，家族以外の他者との関係を通して，パーソナリティを発展させていく時期である。

5.4.5　第5期——自我同一性の確立 対 同一性拡散

　この時期は13歳くらいから22歳くらいまでの青年期に当たる。なお現在では，この青年期は30歳前後まで拡大されている。初期は，急激な身体的発達と第二次性徴による体型の変化，性的な発達・成熟という，ホルモンのバランスの影響を受けやすい時期である。身体的な成熟は個人差が大きく，その受け止め方も心理的に影響を及ぼすことがある。性的欲求の衝動などが起こるとともに非常に多感な時期であり，情緒的な不安定さを体験する。仲間集団との関わりから期待されている役割を明確にしたり，自分自身の価値や欲求と仲間からの期待との矛盾に気づいて葛藤したり，自己評価を形成させたりしていく。また親をはじめとした周囲の大人から子ども扱いされることを嫌がり，自立を求めようとする緊張も体験する。

　さまざまな仲間や大人との出会いは，それまでの家族との関係の中では気づかなかった価値観にも遭遇する。そして，それまでの親子関係の中で達成してきた愛情の絆を保ちながらも自立を模索し葛藤する。それらを通じて自我意識が高まり，自分とは何かと自分のことがわからなくなったり，どうしたら自分らしい自分になれるのかと悩んだりするなど，内省傾向を示す。そして，自分の本質的な特性について考えるようになる。

　それは目前に迫った大人としての生活様式の確立に向けての職業の選択や，その後の人生をどのように生きていくのかについて考えることのきっかけにもなる。自分自身がそれまでに築いてきた他者との関係や，将来可能と思われる方向性について考えるようになる。学校の中での自分の役割は何か，部活動の中での役割は何か，家族の中での役割は何か，相手にとって自分はどのような存在なのか，恋人にとって自分の存在の意味は何か，自分とは何か。この「自分とは何か」の答えが「アイデンティティ；identity＝自我同一性」となる。それまで出会った人たちの中で，理想の生き方をしていると思う憧れの人物，

部活の先輩であったり学校の先生だったり，アイドルやタレントかもしれない。そういう憧れの人を理想化し，その人のようになりたいという思いで，その人がすすめている本を読んだり，音楽を聴いたり，服装を真似したりすることもあるだろう。

　このような同一化（identification）を通して，自分との感じ方や考え方の違いを見出していく。真似をしてみてもその人にはなれないし，これは本来の自分ではないと感じて，他ならぬ自分自身の考えにたどり着くようになる。この，本来の自分を見出すことが**自我同一性の確立**である。

　しかしその過程の中では，青年はさまざまに葛藤し，これでいいのか，何のために生きているのかと迷い，自分は周囲に受け入れられているのかと悩み，自己不信に陥って孤独感を味わう。これが**同一性拡散**である。たくさんの選択肢の中から自分で最良と思う物事を選んでいくには何かしらの確信を要するが，この時期は何が適切であるか決断できず，迷ってしまうことが多い。また，何かを選択するということは，他の選択肢を選ばないということにもなり，選んだそのものについての責任を自身で負わなければならない。その選択すべき事柄が，例えば進路選択など自分の人生にとって大きいものと感じれば感じるほど迷い，決断を躊躇する。

　この葛藤を自我同一性の確立が上回ることで，集団の中での自分の存在価値と居場所を見つけ，この集団に所属しているという帰属感の獲得につなげられる。そのために必要なものは自分の選んだ価値観を信じて，命を懸けるにふさわしい対象に対して貢献しようとする**忠誠**（fidelity）である。この時期のパーソナリティの発達には，さまざまな価値観や社会的役割を各自が選択する必要があり，社会のあり方と大いに関連している。

　エリクソンはこの自我同一性の確立を重要視し，アイデンティティが確立されるまでの期間を**モラトリアム**（猶予期間）と呼んだ。人は大人として社会のすべての責任を負う前に，この青年期という保護されている猶予期間の中で，自分という人間の存在を確固たるものにしていくのである。この自我同一性の確立には，それまでの発達段階においてネガティブな側面が上回って積み残してきた課題が再度表出することがある。自分自身に信頼感を持てていなかった

り，劣等感が強くてそれに固着していたりしていると，自我同一性の確立が困難になる。そこでそれまでの発達課題のやり直しを行い，各発達段階でポジティブな側面が上回ってその問題を乗り越えてから，もう一度自分とは何かを考えて確立していく。また，アイデンティティの確立は青年期の発達課題といわれるが，その後も生涯にわたり何度も再構築される。

5.4.6　第6期──親密性 対 孤立

　この時期は22歳から40歳くらいまでの成人初期に当たる。現在では30代がもっとも相当するだろう。青年期で見つけ出し確立したアイデンティティを基本として，社会に出て自分自身の行動に責任を持ちながら，多くの人と関係を築くようになる。多様な役割に参加することは個人のパーソナリティの発達を促す。アイデンティティが確立されていれば，自分とは異なる価値観を持った人の意見にも耳を傾け，相手と対等な立場で意見を交わすことができる。それによって属している社会ではもちろんのこと，自分以外の他者と精神的に支え合い，親密性を持ち関わりを継続していくことができる。それは自分自身を有意義な人物であるとこころの中に抱く自信・信頼によるものである。それによって友人や恋人，パートナー，夫婦などの間でお互いを信頼し，個人的な感情を示し合い，相互作用における関係を構築していくことができる。また，仕事の面では，仕事を始めていくつかの仕事場面を通して，それぞれの役割をこなして適応しながら，協力し合う仲間との間に相互性をより高めていく。生活・仕事それぞれで親しく交われることが課題である。

　その一方で，さまざまな人と関わる中では，自分をさらけ出して受け入れられるだろうか，自分は間違っているのではないかと，価値観が揺らいだり，他者との関わりをためらったりするなど不安や恐怖に陥ることによって，自己感覚を大きく脅かすことがある。すると対人関係に深く関わらずに，絶えず垣根を作って距離をとったり回避したりするなどして，脆い自己感覚を壊さないように努めて，保護環境から離れられず，孤立してしまう。自分をさらけ出せるか否かは，相手への信頼はもとより自分自身への信頼も大いに影響する。親密性が孤立よりも上回ることがこの時期の課題である。

5.4.7　第 7 期——世代性 対 自己停滞

　この時期は 40 歳から 65 歳くらいまでの成人後期（中年期・壮年期）に当たる。それまでの人生を振り返り，これからの人生をどう生きていくかについて見定める時期である。世代性とは次の世代である自らの子どもを産み・育てることだけでなく，所属する社会の次世代である後輩や部下，あるいは自分が生み出してきた技術やアイデアなどを，これからも続いていく後世に貢献できるよう，保護・育成したり，指導したりするなどして，将来に積極的に関心を持つことである。子どもたちへの愛情的反応だけでなく，それまでの人生の中で培ってきた知識，技術，体験などを自ら次の世代に伝えて能動的に関わっていくことは，自分たちの価値観や目標が他者に対して影響を及ぼす機会を持つことになり，自己が成長し，活性化される。

　一方，青年期に選択した自分の生き方がこれでよかったのかということについて振り返った際に，職業の内容や人生のパートナー，家族について疑問が生じたり，現実の生活とかつての夢とのギャップに迷いが生じたりもする。そして次世代に対する関心が低く関わりを持ちたがらない人は，自己中心的になり他者との関わりを持たなくなる。それは，自分のエネルギーや技能を，自己拡大や自己陶酔，個人的満足という目的のためだけに費やしていることであり，そこには成長はなく足踏み状態となり，自己停滞が生じる。このような自分のことしか考えられず，心理的な成長が欠けている自己停滞よりも，次世代に関心を持ち，自身の知識や経験を伝えたり与えたりする世代性が人生にとって意味あることとして上回ることがこの時期の課題となる。

5.4.8　第 8 期——統合 対 絶望

　この時期は 65 歳以上の老年期に当たる。老年期は身体的な衰えからさまざまな機能低下を体験する。その程度や速度には個人差が大きいものの，誰に対しても生じるものである。また子どもが独立して子育てを終えること，定年退職等により職業から引退すること，親しい友人や兄弟姉妹，配偶者の死を体験するなどの対人関係の中での喪失体験をいくつも経験する。そのような中で，それまでの人生の集大成としての自分自身を振り返るのがこの時期である。エ

リクソンの理論における統合とは，自分の人生の中でかつて経験してきた肯定的な事実も否定的な事実もありのまま受け入れて，個人的な満足と危機の蓄積によって自分の人生と個性が生まれてきたことを正しく理解することである。それによって，自分の人生は自分自身の責任であること，人生をかけがえのないものとして満足感や完成感とともに自分なりの人生を送ってきたのだと振り返る過程を経験し，目前に迫った死に対してそれほど恐怖感を持たずに立ち向かうことができる能力をも意味している。そのためには自分の人生の意味についてかなり熟慮することが必要になる。

　一方，自分のそれまでの人生に対して，こんなはずではなかった，こんな人生は送りたくなかった，という過去に対する後悔の気持ちや考えに取りつかれてしまうと絶望という心理的危機を生じさせてしまう。自分の人生に対して絶望よりも統合が上回ることがこの時期の課題となる。それは肯定的に評価できる事柄の数の多さや，どれほどの成功体験があったか，あるいは人生において何の葛藤もなかった，ということが直接反映されるものではない。その人個人が自分の人生をどのようにとらえ自己評価するかということが重要になる。そして統合を果たすことにより深い英知が得られていく。

　なお，エリクソンの発達課題学説では，前の発達段階で積み残しの課題があった場合，ライフステージが進んでからでも，行きつ戻りつして発達課題に取り組み克服することができると考える点にその特徴がある。

　このようにして考えてみるとパーソナリティの健全な発達にとって重要なことは，個人の欲求，個人の能力，対人関係，それらに対する認知など，個人を取り巻くさまざまな環境との相互作用であることがわかる。

●**練 習 問 題**

1. パーソナリティの発達に遺伝と環境がどのように影響しているのか考えてみよう。
2. エリクソンの考えたライフサイクルの特徴について説明してみよう。
3. エリクソンの発達課題学説の 8 つの段階それぞれの特徴について説明してみよう。

●**参 考 図 書**

ニューマン，B. M.・ニューマン，P. R. 福富 護（訳）(1988). 新版 生涯発達心
理学──エリクソンによる人間の一生とその可能性── 川島書店

　人間の一生における各時期の発達について，エリクソンの理論を中心にしながら，全般的に網羅している書。少々厚みはあるが，これ一冊で人間の一生涯の発達をある程度理解できるだろう。

パーソナリティと自己

　人は自分のことをどのようにとらえているのだろうか。自分が思う自分と他人から見た自分，親から見た自分，友達から見た自分は違うのだろうか。また，自分がこうありたい，なりたいと思うような自分になれるのだろうか。本章では，自己について心理学ではどのように考えられているのか，その代表的な理論について解説することにしよう。

6.1　スターンの自己感

　スターン（Stern, D.；1934-2012）は精神分析医であると同時に発達論者で
もある乳幼児精神医学の第一人者である。彼は，乳幼児発達心理学諸研究の知
見を視野に入れながら，乳幼児と母親との交流を録画し，その様子をつぶさ
に分析して実証的に研究した。成人患者の回想から精神分析の発達理論によっ
て導き出された臨床的乳児と，実際の観察を基に導き出された乳児とを統合し
て乳児の主観的世界を検討し，誕生直後から言語の出現あたりまでの乳幼児の
「自己感」（the sense of self）の発達について論じている。それによると，自己
意識や言語に比べて，ずっと以前から人には，何らかの自己感が存在している
と考えられる。それは対人関係の発達を理解するために必要であり，日常の人
と人との相互作用に欠かせないものである。

　そのため，自己感には以下の7つが含まれていると考えられる。

1. 発動の感覚（これがないと自分の行動なのに自分がしていると思えない感
じになる，外的な力に対してコントロールが効かなくなるような体験が起こり
かねない）。

2. 身体的融和の感覚（これがないと肉体的な体験の断片化や離人感，現実感
の喪失が起こりかねない）。

3. 連続性の感覚（これがないと一時的解離，もうろう状態，健忘などが起こ
り得る）。

4. 情動の感覚（これがないと解離状態などが起こりかねない）。

5. 他者との間に間主観性を確立できる主観的自己の感覚（これがないと途方
もない寂りょう感や，極端な場合，精神が見透かされているような感じが起こ
り得る）。

6. オーガナイゼーションを創造しているという感覚（これがないと精神的大
混乱に陥りかねない）。

7. 意味を伝達しているという感覚（これがないと文明からの排除，交際の欠
如などが起こり得る）。

　これらの自己感は社会的発達における主観的体験の基礎となる。そして乳児

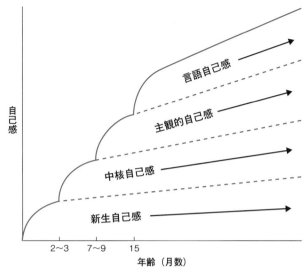

図 6.1 **自己感の発達状態** (Stern, 1985)

の自己感には 4 つの段階があるとしている（図 6.1）。

6.1.1 新生自己感（sense of an emergent self）——出生から生後 2 カ月

　新生児は，空腹などの生理的な欲求だけによって突き動かされているかのように見えるが，私たちが想像する以上に多くの優れた能力を持っている。例えば，生後 3 日目の新生児を仰向けに寝かせて，枕もとの片側にその乳児に授乳している母親の胸当てを置き，反対側に他の授乳中の女性の胸当てを置くと，それが左右どちら側に置かれているかには関係なく，確実に自分の母親の胸当てのほうに顔を向け，自分の母親の母乳の匂いを区別できることが示されている。このように，新生児はさまざまな形で身の回りの世界で起こる出来事に対して，例えば，睡眠—覚醒のサイクルやホルモンの安定などといった生理的な感覚と刺激の弁別能力を中心にさまざまな感覚器官を通じて，積極的に周囲の環境における出来事を取り入れて体験を積み重ねている。ただし，その体験がどのように関連し合っているのかについて新生児自身はまだわかっていない。しかし新生児は生まれながらにして，1 つの知覚様式で受信された情報を何ら

かの形で他の知覚様式に変換できる能力（無様式知覚）を持っている。例えば，生後3週目の新生児の口におしゃぶりを入れ，同じ形のおしゃぶりと違う形のおしゃぶりを見せると，目で素早く2つを見比べた後，口に入れたおしゃぶりと同じ形のものを長く見ていたという報告がある。これは，口の感触を視覚に変換していると考えられる。新生児はまた，周囲の大人の真似をして，舌を突き出したり口を開けたりする動作を見せる。このように，この時期からすでにひとまとまりの感覚（**新生自己感**）が形成され，体験の組織化が始まっていると考えられている。

6.1.2　中核自己感（sense of a core self）──生後2～6カ月

この頃の乳児は，自分と他者との区別がつけられるようになり，自己は境界線の明確な，単一で一貫した身体単位であるという感覚が芽生えてくる。乳児は，自分と母親は身体的にまったく別の存在であり，異なる情動体験を持ち，別々の生育歴を持つと感じるようになる。それは同時に自分が他者とともにいることを理解できることにつながる。そして，動作ごとに能動性が出現するようになる。自分で身体を動かして物を取りに行ったり，快─不快の区別がはっきりするだけでなく，過度に強調するように泣き叫んだりもする。それらを通じて自分の情動の違いに自分で気づくようになる。このように主要な関心が外の物事へと急速に移行する。

この**中核自己感**は，以下の4つの自己─不変要素が重要な柱となる。

1. 自己─発動性（self-agency）：自分の行為の主体は自分であり，他者の行為は自分が主体ではないという感覚。意思を持ち自己生成された行為をコントロールできること（例えば，自分の腕は自分が動かしたいときに動く），その行為の結果を予測できること（例えば，目を閉じると暗くなる）。

2. 自己─一貫性（self-coherence）：自分の行為にはまとまりがあり，身体は断片化されていないという感覚が持てること。例えば，動いているときもじっとしているときも同じ自己であることがわかること。

3. 自己─情動性（self-affectivity）：自己体験に属する感情（情動）のいくつかのパターン化された内的特性を体験すること。

4. 自己―歴史（self-history）：自分の過去との間に連続性，永続性の感覚があること。自分が同じ自分として存在し続けたり変わることができること。出来事の流れの規則性に気づくこと。

　この4つがひとまとまりになり，中核自己感を構成する。いうなれば，出来事に関する体験的感覚である。

6.1.3　主観的自己感（sense of a subjective self）――生後7〜9カ月

　この段階ではじめて乳児は心的親密感を示す。乳児は行動の背景にあるその行動を起こす感情や動機，意図などの精神状態がわかるようになり，自分自身だけでなく，他者にもこころがあることを知る（**主観的自己感**）。自分の主観的体験が他者と共有可能であることを知るようになる。それは注意の向く方向を共有する能力として現れる。乳児は指をさされた方向を目で追うだけでなく，目標物を見ると養育者を振り返り，本当に自分が意図された目標物に達したかどうかを確かめるために養育者の顔からのフィードバックを利用しているかのように見える。

　そして意図の共有，これは意図や動機が他者のものであることがわかり，それを正しく理解する能力である。母親が持っているクッキーに対して乳児が手を伸ばして，母親に向かって手を広げ，握る動作をし，手と母親の顔を交互に見ながら，「アー！アー！」と抑揚をつけて命令的な語調で声を発する。この特定の相手に向けられたこれらの行為は，内的精神状態がその人物によって引き起こされたこと，その人物には乳児の意図を理解しその行為を満足させようとする能力がある，つまりは母親には，乳児自身が手を伸ばして声を出せば，クッキーを欲しがっていると理解して，母親が手に持っているクッキーを自分に渡してくれる能力がある，と乳児が思っていることを意味する。

　さらに他者にも感情状態が存在するとわかり，他者とのこころの触れ合いを知覚して，他者の感情状態が自分のそれと調和しているかどうかを感じる能力（情動状態の共有）を持つようになる。例えば，生後9カ月の乳児が母親と向かい合って座っている。手にはガラガラを握り，楽しそうに，ふざけながらそれを振り回す。それを見ながら母親は乳児の腕の動きに合わせてうなずき始め

る。このように母親が乳児と同じ知覚様式内で働きかけていることを**情動調律**（affect attunement）という。

6.1.4　言語自己感（sense of a verbal self）──生後2年目くらい

　言葉を獲得し話せるようになると，幼児にとって世界は大きく異なってくる。幼児は言語を使って他者とコミュニケーションをとるようになる。それによって幼児の認識能力は質的にも量的にも大幅に成長する。そして対人間の出来事について言語によって他者と意味を共有・伝達できるようになり，相互理解が進む一方で，逆に阻害する要因にもなり，他者とともにあることの新しい方法を獲得する（**言語自己感**）。

　このように，スターンは発達の中心に自己感を置き，4つの段階を経ると考えた。そしてそれらがひとたび形成されると，それぞれの自己感は社会生活と自己を体験し続ける明確な形態として，どれ一つとして失われることなく，成長しながらも機能し続けるとした（図6.2）。

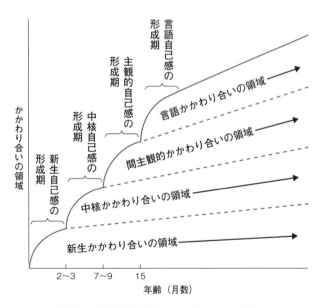

図6.2　**自己感の発達ライン**（Stern, 1985）

6.2　エリクソンの自我同一論

　第5章でも説明した通り，エリクソン（Erikson, E. H.）の理論はフロイト
の精神分析理論に基づいて展開されている。フロム（Fromm, E.）やホーナイ
（Horney, K.），サリヴァン（Sullivan, H. S.）などの新フロイト学派と同様に，
エリクソンもパーソナリティ理解における自我の機能と社会的影響の重要性を
指摘している。そしてライフサイクルの視点から，人間の精神発達やパーソナ
リティ発達について，生涯を通じてのテーマとして扱うべきであると考えた。
そして人間の一生涯を8つの段階に分けて，それぞれの**発達段階**（developmental
stage）にはその時期に中心的な**発達課題**（developmental task）が存在すると
提唱した。ある特定の段階で最も発達する基本的態度は，その発達段階におけ
るその人の対人関係の体験の質に基づくものである。それぞれの段階において
特定の葛藤ないし危機が支配的であるにしても，発達は連続的過程であるとし
ている。したがって，一人の人間の生涯においては，さまざまな葛藤が何らか
の形で存在しており，現在の葛藤はそれ以前の心理社会的発達段階におけるそ
の人の体験の影響を受けるのである。その中でもエリクソンは青年期の発達課
題とした自我同一性の確立を重要視した。このことが彼の生い立ちや育った環
境また文化や時代的背景などの環境が影響していることについては，前述した
通りである（第5章参照）。

　エリクソンは青年期を次のような言葉で表現している。「サーカスのブラン
コ乗りのように，青年は激しい動きのなかで，児童期での安全な止まり木を飛
び出してかなたにある確固とした成人期の台枠へと到達しなければならない。
息をのむこの期間に頼りにできるのは，過去と未来との間の関連性と彼が離れ
なければならない人たちと，彼を受け入れてくれる人たちとの間での信頼性で
ある」とし，青年期は人間の生涯における根なしの時代だと記している。この
時期の青年は，自分自身がどう感じるかということよりも，他者の目に自分が
どう映るのかということ，所属している文化の中で自分が得られる職業的役割
に自分の技能をいかに対応させるかという問題に関心を持つ。

　この時期に，社会は青年が自分自身を見つけるためにある程度時間をかける

（心理社会的モラトリアム）ことに寛容である。その間に青年は，社会におけ
る自身にとっての適所を探し求めていろいろな役割を模索するのである。それ
によっていろいろな同一性体験を経験し，自分が何者でありどのような存在な
のかを理解しようと試みる。

　しかし発達過程において，アイデンティティの感覚は何度も変化させられる。
パーソナリティ発達の異なる水準の間での不連続性の橋渡しをするのが自我の
役目である。青年において葛藤がうまく解決されれば，アイデンティティの健
全な感覚が発達する。それは自分の体を快適に感じ，自分が何者であり，どこ
に向かって進んでいこうとしているのかという自覚があり，他者が自分を評価
してくれているという自信を感じる。つまり健康な自我同一性の確立がこの時
期の大きな課題である。この時期の心理的危機は同一性の拡散であり，特に職
業的同一性に落ち着くことができないことの大きなきっかけとなりやすい。ま
た性同一性についての強い疑問もあるかもしれない。

　青年は社会に向かっていろいろなやりとりの中から役割と価値と態度を試行
してみるため，この段階でのある程度の混乱ないし拡散は正常な反応であると
考えられる。職業選択の決断や困難な競争場面，自己規定や他者との親密な関
係に自分が関わるときの緊張や圧力に耐えなければならない。そのような場面
での緊張や圧力が加わってくるときに，それ以前の人生の初期の心理社会的発
達段階においてつまずき解決できずに乗り越えられなかった問題が再び顕在化
しやすくなる。深刻な同一性拡散の兆候として，孤独の苦痛，自発性の喪失，
仕事に対する注意力や集中力の低下，あるいはのめり込み過ぎて客観視できな
いことなどが挙げられる。

　エリクソンは，パーソナリティの発達において，自我の現実志向的，統合的
機能に着目し，生物学的決定要因よりも社会的文化的影響の重要性を強調した。
図 6.3 は人間の一生における各発達段階において，エリクソンが提唱した達成
すべき心理・社会的課題と心理的危機をそれぞれ対角線上に置いた漸成図であ
る。それぞれの該当する時期に心理的危機が解決されればよいということでは
なく，その後に続くライフサイクルの中で，社会との関係や役割，対人関係な
どにより，何度も繰返し課題化され，それを乗り越えていくものであることを

老年期								統合 対 絶望 【英知】
成人期							世代性 対 自己停滞 【世話】	
成人 初期						親密性 対 孤立 【愛】		
青年期					自我同一性の 確立 対 同一性拡散 【忠誠】			
学童期				勤勉性 対 劣等感 【自己効力感】				
幼児期			積極性 対 罪悪感 【目的意識】					
幼児 初期		自律性 対 恥・疑惑 【意志】						
乳児期	基本的信頼 対 基本的不信 【希望】							

図 6.3　エリクソンの理論に基づく漸成図

示している。

6.3　ロジャーズの自己理論

　ロジャーズ（Rogers, C. R.；1902-1987）はパーソナリティ理論家の一人であり，臨床心理学者として来談者中心療法（client-centered therapy）を提唱した。彼は厳格な家庭で育ち，最初農学部に進学し，そこから神学校，臨床心理学へと関心を移していった。ロジャーズは心理療法場面において起こる変化について関心を持ち，クライエントが自分の問題を自らの力で解決する能力について強調した。

　ロジャーズのパーソナリティ理論の特徴として，まず個人の主観的体験の重

視が挙げられる。人間の行動の理解にとって重要なのは，個人の生活を取り巻く環境や関わる出来事について，その人がいかに認識するかということである。つまり客観的な個人の外にある刺激ではなく，その人によって知覚された現実（内的過程）が大切であると考えた。

　さらに生命体である人間は，誰でも自己実現への生得的傾性を持っており，個人が有機体を維持し高める方向へ自分のすべての能力を発揮しようとする（実現傾向；actualizing tendency）と主張した。自己実現とは生物学的欲求と身体的社会的生存のための技能の学習の他に，自律性・独立性の発達，自己決定性の成長の感覚を含むものである。人はその行動を頭の中で考えたり実行したりするときに，自分が体験する感情に基づいて，それがよいかどうかを決めるとしている。ある体験が生命を維持し向上させるものと思われればそれはプラスであり，人はこれからもプラスの行動を続けようとする。反対にその体験が生命の維持と向上を妨害するものであればマイナスであり，人はマイナスの行動を回避しようとする。他者や外的圧力の妨害がなければ，人は自分にとって最善の正しい決定をする本来の能力があるとしている。

6.3.1　自己の概念

　ロジャーズはパーソナリティ発達の重要な過程の一つとして自己の発達を挙げている。人生のかなり早い時期から，人は自分自身の性質と行動について考え始める。自分が存在しているという意識（気づき）と機能しているという意識を**自己意識**といい，周囲との相互作用，とりわけ重要な他者からなる環境との相互作用を通して洗練され，**自己概念**が作られる。これは自らの性質や環境，他者との関係を個人がどのようにとらえるか，どう認識しているかという主観的なものである。自己についての日常の考え方が広く包括的な人は，あらゆる情動的反応や動機づけ，行動を自分の自己概念に受容でき，その人の体験や知覚は変化に富むものになる。一方で自己概念の狭い人は，自分の体験に対して閉鎖的であるとした。また自己概念は新しい体験や他者からのフィードバックの結果として変化する。

6.3.2 肯定的配慮への欲求

　肯定的配慮への欲求とは，人は皆自己に対して，肯定的に受けとめられたいという欲求を持っていると考える。このことは子どもが母親の表情を読み取ろうとする事象にもうかがえ，重要な他者からの温かさ，好意，受容，尊敬といった肯定的なフィードバックを受けたときに満足と幸福を経験し，敵意，拒否，冷遇，否認などの否定的なフィードバックは子どもを傷つける。個人が他者の肯定的配慮への欲求を自分が満たしていると認識するときは，必ず自分自身の肯定的配慮への欲求の満足も経験している。肯定的配慮への欲求はその意味で相互的なものである。

6.3.3 自己尊重の欲求

　発達的に肯定的配慮の次にくるのが**自己尊重の欲求**である。これは子どもが自分の行動を他者の評価に基づいて，よいとか悪いとか判断することを学習していくことで発達する。つまり自分にとって重要な他者から正のフィードバックを受けた行動をプラスに評価し，負のフィードバックを受けた行動をマイナスに評価するようになる。このようにして人はそれぞれ自分の行動を，内的評価と学習された評価（関係者の基準が取り込まれ，自己評価の基準となる）という2つの根拠を持つようになる。健康な人はこれらの2つの評価がともに働いており，個人にとって満足な正しいと思われる行動は他者にとっても受容され，肯定的に評価される。

6.3.4 価値の条件

　これら肯定的配慮と自己尊重の欲求の発達に関連して，ロジャーズは，人はそれぞれにいくつかの**価値の条件**を発達させていくと考えた。この価値の条件とは，人が自己受容を体験するために満足させなければならない行動の基準である。例えば，もし他者がいつも肯定的に反応し，弱点や人間的な失敗がたまにあってもその人に対して敬意と好意を示してくれるのであれば，特に価値の条件など必要のない比較的広い自己概念が発達する。ロジャーズが考える理想的な環境とは人が無条件に肯定的配慮を得られるところである。しかし多くの

人はこのような肯定的で受容的な雰囲気の中で育っているわけではない。むしろ実際の環境では，ある一定の行動の仕方をとらなければ，他人は自分を気に入ってはくれないし，敬意も払ってくれないものである。つまり，この一定の行動の仕方が価値の条件となり，これが心理的不適応につながると考えた。

6.3.5　心理的不適応

　心理的不適応について，ロジャーズは，自己実現にしたがってこうありたいと思う自己イメージである理想自己と，実際の自分に対する現実自己（他者から学び取った評価によると自分がどういう人間であるのかということ）とのギャップ（差異）があまりに大きいと，価値の条件によって経験が自己に合わなくなり，行動の混乱が発生すること（自己と経験の不一致）と指摘した。すると自己に合わないものは無意識化されることとなり，人は矛盾した行動をとりやすくなり，不安を発生させ，人間関係の諸問題を起こしやすくなり，不適応が生じると考えた。そのため，その理想自己と現実自己との差異の縮小化が心理療法の目的となるため，セラピストの 3 条件の一つ，無条件の肯定的配慮が必要となり，それによってクライエントは自身の価値の条件の基準を明らかにし，問題解決のため何らかの方法を見つけ出すことができるとした。

　ロジャーズは，精神的健康度の高い人とは完全に機能する人間であり，その特徴として，①体験的に開かれている，②人生を実存主義的に生きている，③自分自身を信頼している，④自分の行動選択に自由がある，⑤創造的である，とした。

　図 6.4 の自己概念は理想の自己を表している。これは自分自身をどうとらえているかという主観的なものである。体験が現実の自己を表し，それはその時々で流動的に変化する感情や感覚である。この自己概念と体験が重なっている部分を一致とし，重なっていない部分を不一致とする。体験の円は常に動いており，それに合わせて自己概念の円を柔軟に動かして，できるだけ多くの部分を一致させている状態が適応状態である。また，実際に体験していないのに自己概念には認識されている部分を歪曲といい，実際に体験しているのに自己概念には認識されていない部分を否認という。自己概念と体験ができるだけ多

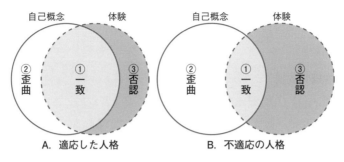

図 6.4 **自己概念，体験，適応の関係**（Rogers, 1951）

くの部分を一致させている状態が，自己一致している A の適応した人格である。自己概念と経験とのずれが大きく，歪曲されたり否認されたりしている部分が多いと自己評価は低くなり，不適応的な行動を引き起こす B の不適応の人格とロジャーズは考えた。これは事実に即した自己概念を持つ，つまりはあるがままの自分と自己概念が一致することを目指すことであり，自分を自己概念に合わせる，というものではない。

6.4 マズローの自己実現

マズロー（Maslow, A. H.：1908-1970）は**人間性心理学**（humanistic psychology）の第一人者である。人間性心理学は，ロジャーズの流れを汲み発展したもので，アメリカでは第三勢力とも呼ばれ，それまでの行動主義心理学，精神分析とは一線を画するものであった。

マズローは「人間の本性は善である」という性善説の立場をとり，個人を統合的，体系的全体ととらえ，「人間は自己実現に向かって絶えず成長する」と考えた。そのため，人間を「不満の動物」であると考え，完全な満足状態に達することはめったにないと主張した。人は 1 つの欲求に満足すると別の欲求がすぐにとって代わり，人間の不満や欲求は，1 つの階層性をなしているようであり，ある欲求が満たされないと別の欲求が現れないとした。

そこでマズローは欲求階層理論を提起し，人間の基本的欲求を生理的欲求，

安全欲求，帰属・愛情欲求，承認・自尊欲求，自己実現欲求，の5つの階層に分けて説明した。

6.4.1　生理的欲求

　生理的欲求は，人間が生きていくために必要な基本的・本能的欲求であり，摂食，飲水，排泄，睡眠，体温調節の欲求などが含まれる。これらはあらゆる欲求の中で最も優勢なものである。特に極端なまでに生活のあらゆるものを失った人間では，生理的欲求が他のどの欲求よりも最も主要な動機づけとなる。ある生理的欲求が満たされないときには，人はそのことにこころを奪われて他の欲求に対しては関心を失う。例えば，飢餓に襲われた人はそのままでは生命を維持することができなくなるので，何よりもまずは食物の摂取を最も強く要求し，他の安全や愛，尊厳などの欲求はどうでもよくなって，あらゆる能力が飢えを充足するために使われる。飢えの生理的欲求が日常生活の上で満たされれば，それはもはや行動の活動決定因子あるいは主導因子にはならずに，次の段階の欲求が高まる。

6.4.2　安全欲求

　生理的欲求が比較的満足されると，次に**安全欲求**が出現する。安全欲求は，安全，安定といった身の安全を図ったり，良好な健康状態を維持したり，経済的な安定を求めるなどの危険からの回避，依存，保護，恐怖と不安からの自由等の要求を含んでいる。また，そのためには秩序と予測性を持つことを欲し，世界が混乱しないような構造・秩序・法・制限を求める欲求，保護の強固さなどもある。特に幼児は脅威や危険に対する反応を抑制しないので，それをはっきりと表す。例えば，両親とほんの少しの時間離れて迷子になったり，なじみのない新しい状況に直面したりしたときに，必死になって両親にしがみつくのは，親を食べ物を与える人としてのみではなく，保護者としての役割，安全・安心を提供する，欲求を満たしてくれる存在として認識しているからだろう。

　成人においても，例えば，安定した職業を好んだり，将来のために貯金をしたり，万が一のためにといろいろな種類の保険をかけたりする。人は誰でも慣

れた状況下では快適かつ幸福に過ごすことができ，未知のことに出会ったときに不安を感じる。私たちの社会では，健全な成人は比較的容易に安全欲求を満足させることができているため，実際の動機づけにはなりにくい。安全欲求が強くなるのは，現実に危急場面，例えば，戦争や病気，天災，犯罪の横行，慢性的悪条件などに直面したときである。

6.4.3　帰属・愛情欲求

　生理的欲求と安全欲求が十分に満たされると，**愛情欲求**と**帰属欲求**が現れてくる。この欲求は，孤独や追放，拒否，無縁であることへの痛恨をひどく感じて，人との愛情に満ちた関係を求める。社会の中には自分の果たせる社会的役割があり，そこで自分は必要とされている，受け入れられていると感じたいという欲求により，所属する集団や家族においての位置を切望している。ここでいう愛情欲求は，生理的欲求としての性と同義語ではなく，与える愛と受ける愛の両方を含んでいる。

　マズローは，ほとんどの不適応や重度の病理のもっとも一般的な原因は，この2つの欲求が妨害されることであるとしている。

6.4.4　承認・自尊欲求

　私たちの社会では，すべての人々が安定したしっかりした根拠を持つ自己に対する高い評価，自己尊敬あるいは自尊心，他者からの承認などに対する欲求・願望を持っている。これらの**承認・自尊欲求**には互いに関連し合う2つの動機づけが含まれている。一つは強さ，達成，適切さ，熟達と能力，世の中を前にしての自信，独立と自由に対する願望，つまりは自分自身の能力や個人的特徴について他者を圧して強く，有能で自信を持っていたいという自己による評価欲求である。もう一つは他者から受ける尊敬とか承認を意味する評判や信望，地位，名声と栄光，優越，承認，注意，重視，威信，評価に対する願望といった，他の人々からの尊敬や評価を得たいという，他者からの評価欲求である。自尊心の欲求を充足することは，自信，有用性，強さ，能力，適切さなどの感情や世の中の役に立ち必要とされるなどの感情をもたらす。最も安定し

た，最も健全な自尊心は外からの名声や世の中の評判，保証のない追従ではなく，他者からの正当な尊敬に基づいたものである。これらの欲求が妨害されると，劣等感や弱さ，無力感などの感情が生じ，これらの感情は，根底的失望か，あるいは補償的・神経症的傾向を引き起こすことになる。

6.4.5 自己実現欲求

　人間の欲求の中で最高の水準にあるこの欲求がはっきりと出現するには，通常は生理的欲求，安全欲求，帰属・愛情欲求，承認・自尊欲求があらかじめ満足されてからである。しかし，これまでの4つの欲求がすべて満たされたとしても，人は自分に適していることをしていない限り，すぐに新しい不満が生じ，落ち着かなくなってくる。自分自身が平穏であろうとするために，人はより一層自分自身であろうとし，自分がなり得るすべてのものになろうとする。**自己実現欲求**は人によって実際の形が大きく異なる。ある人は音楽家として音楽を作ることであり，ある人にとっては理想的な親になることであり，他の人では体操技術を高めることであり，あるいは絵を描くことや物を発明したりすることで表現される。その後マズローは，この自己実現の欲求のさらに高次に，至高体験を持つ「自己超越欲求」があるとした。至高体験とは「自己を忘れ，自己を超越する」ような強力な体験であり，例えば，音楽や芸術における我を忘れたよろこび，知的問題への強い集中などである。

　マズローは自己実現的人間の全体的特性を以下のように表した。

- 現実をより有効に知覚し，現実とより快適な関係を保つこと
- 受容（自己・他者・自然）
- 自発性，単純さ，自然さ
- 課題中心的
- 超越性—プライバシーの欲求
- 自律性—文化と環境からの独立，意志，能動的人間
- 認識が絶えず新鮮であること
- 神秘的経験—至高体験
- 共同社会感情

- 対人関係
- 民主的性格構造
- 手段と目的の区別，善悪の区別
- 哲学的で悪意のないユーモアのセンス
- 創造性
- 文化に組み込まれることに対する抵抗，文化の超越

　しかしマズローはこのような自己実現的人間にも欠点があり，完全な人間などというものは存在しない，と指摘している。

　マズローは自己実現を「人の自己充足への願望，すなわちその人が潜在的に持っている能力を最大限に発揮して，自分のなり得るものになること」（1987, p.72）と定義した。

　図6.5はマズローの欲求段階説を表したものである。低い階層の欲求が満たされると，一つ上の階層の欲求が出現する。しかし，100％満たされなければ出現しないのではなく，欲求が高次のものになるにつれてその満足度は低下する。これを相対的満足度という。マズローは「生理的欲求は85％，安全の欲求は70％，愛の欲求は50％，自尊心の欲求は40％，自己実現の欲求は10％が充足されているのが普通の人間ではないか」（1975, p.95）と記している。生理的欲求から承認・自尊欲求までの段階の欲求は，欠乏している状態を満たそうとする欠乏動機により外部から満たされていくのに対して，自己実現欲求より上は，欠乏による動機ではなく，欲求が満たされているため，自己の充実したエネルギーを外界に表現することで自己実現をしたいという，成長が動機づ

図6.5　マズローの欲求段階説

けになっており，成長動機によって満たされていく欲求である。それは，自己
の個性や特質に合ってよく適応された自分らしさの実現を目指すものである。

コラム 6.1　心理学者たちからのメッセージ

　この本を手にしている皆さんは多くが大学生かもしれない。あなたにとって，自
己実現とはどんなものだろう。あなたがあなたらしくこれからを生きていくために
は，どんなことが必要だろうか。

　もしあなたが大学生であるならば，きっと卒業後どんな職業を選んだらいいのか
というのは最大のテーマになるだろう（もちろんこの授業の単位が取れるか，卒業
できるかという心配も多いだろうが……）。

　そこであなたは今現在，職に就く，仕事をする，ということに対してどのような
イメージを持っているだろうか。試しに大学1年生に聞いてみたところ，働いてお
金をもらう，生活費を稼ぐ，経済的に自立する，スーツを着て難しそうな資料と向
き合う，やりがいのある仕事をしている，社会に認められる，アルバイトとは異な
り自分の行動や言葉に責任がついてくる，完全に大人になる，社会の中で自分の居
場所・立場を得る，社会への貢献，生きがいや存在意義を見つける，自分の夢を実
現する，最初は苦労の連続，漠然と不安を抱いてあいまい……などなど，たくさん
のイメージが出てきた。

　人生100年の時代，5分の1の今現在はその後の5分の4の人生をどう生きていく
かを考える大切な時期である。しかし，そんな先の見通しは立つのだろうか。そん
な大事なことをこの5分の1しか人生を生きていない今の自分が決めてしまってい
いのだろうか，決めなくてはいけないのだろうか。

　エリクソンは，青年期の発達課題に自我同一性の確立を唱え，「社会は青年が自分
自身を見つけるためにある程度時間をかける（心理社会的モラトリアム）ことに寛
容である」と述べた。つまり，あなたはこの猶予期間を最大限に有効に利用するこ
とができ，その間にあなた自身にとっての適所を探し求めていろいろなことに挑戦

できるのである。

　ロジャーズは，個人の主観的体験を重視し，「個人の生活を取り巻く環境や関わる出来事について，その人がいかに認識するか，その人によって知覚された現実が大切である」と述べている。さらに人には「自分にとって最善の正しい決定をする本来の能力がある」のである。ということは，他人からどう言われようと，あなた自身がどう認識するか，が重要なのである。

　さまざまな経験を通して，マズローが定義した「その人が潜在的に持っている能力を最大限に発揮して，自分のなり得るものになること」(1987, p.72) である自己実現につなげていけるのである。そしてスターンによれば，あなたは新生児・乳児であった時期から優れた能力を持っており，日常における人と人との相互作用の中で，自己と他者を明確にして，自分だけでなく相手のことも理解する能力を身につけながら，あなた自身が作られていくのである。しかもそれを今現在のあなたは持ち続けているのである。

　あなたがやってみたいことは何だろうか。それを実際に体験してみてどう感じるのだろうか。そのためにもせっかく社会的に猶予を与えられているこの学生時代に，自分に何が向いているのか，何に価値を置きたいのかを考え，さまざまな知識を増やしてはどうだろうか。ボランティアやアルバイトをしてみるのもいいだろうし，趣味に没頭してみるのもいいかもしれない。今いるところとは違う文化・価値観・人間関係の世界に飛び込んでみるのもいいだろう。本を読んだり，音楽を聴いたり，絵画を見たりと芸術に触れるのもいいだろう。年齢・性別を問わず，自分とは違った価値観を持った人と話して交流を持つこともいいだろう。さまざまな体験を通して，あなた自身がそこからどのようなことを感じ，どのように認識するのか，「それが大事なのだ」，と心理学者たちは言っているのである。さぁさまざまな体験をするために，まずは一歩踏み出してみよう。

●練 習 問 題

1. 自己のパーソナリティ認知に関わる概念について説明してみよう。
2. あなた自身の自己概念とはどのようなものか，考えてみよう。

●参 考 図 書

スターン，D. N. 小此木 啓吾・丸田 俊彦（監訳）神庭 靖子・神庭 重信（訳）
　　（1989）．乳児の対人世界［理論編］　岩崎学術出版社
　スターンの理論についてよく理解できる書。

カーシェンバウム，H. ・ヘンダーソン，V. L.（編）伊東 博・村山 正治（監訳）
　　（2001）．ロジャーズ選集——カウンセラーなら一度は読んでおきたい厳選33
　　論文——（上・下）　誠信書房
　ロジャーズの人となりが垣間見られる書。

マズロー，A. H. 小口 忠彦（訳）（1987）．改訂新版 人間性の心理学——モチベー
　　ションとパーソナリティ——　産業能率大学出版部
　マズローの理論に触れることのできる書。

7

パーソナリティの
社会認知的理論

　同じような状況に置かれたとき，人によって，その状況の解釈が
異なることを経験したことがないだろうか。例えば，会議の中の同
じ発言を聞いても，人によって，「その人が反発している」と受け
取る人もいれば，「積極的な発言」と受け取る人もいる。状況の解
釈が異なれば，その後の行動も異なり，異なる行動は，異なる反応
を引き出す。本章では，このような状況の認知の仕方を個性の根幹
に据え，状況との相互作用でパーソナリティを考える立場について
概観する。

7.1　社会認知的アプローチ

　1950 年代から心理学の分野で認知革命と呼ばれる動きが生じ，それまでの行動主義に対する批判が高まってきた。行動主義は，その研究対象を観察可能な刺激と反応の関係のみに限定して，観察できない心的プロセスは研究の対象としていなかった。しかし，認知革命では，行動主義が無視した心的プロセスが行動に影響を与えることを示し，認知心理学を誕生させた（ナイサーの『認知心理学』の出版は 1967 年である）。認知心理学は心理学にパラダイムシフトをもたらし，さまざまな分野に強い影響を与えた。パーソナリティ心理学や社会心理学も例外ではなく，「社会認知的アプローチ」と呼ばれるアプローチが生まれた。これらの理論は，「社会的であり認知的でもあるパーソナリティへのより包括的なアプローチを持つ」（Mischel, Shoda, & Ayduk, 2007, p.440）と評されている。個人差を説明する個人の内的変数として認知的変数を取り上げ，社会的な刺激と相互作用しながら，その人の行動を形作るプロセスを問題にしている。

7.2　ケリーのパーソナル・コンストラクト理論

7.2.1　パーソナル・コンストラクト理論の概要

　認知的変数に焦点を当てた古典的な研究として，ケリー（Kelly, 1955）のパーソナル・コンストラクト理論（personal constructs theory）が挙げられる。ケリー（Kelly, G. A.；1905-1967）は，人間が環境を認知するとき，環境の情報を単に受動的に受け取るのではなく，自分なりの仮説を立て，それを検証するという科学者のようなプロセスを考えた。つまり，人は自分を取り巻く環境や事象がどのようなもので，将来どうなるのかを予測し，もし，仮説と違うような状況になれば，それを修正して新しく事態をとらえ直すという。そして，人が対象や環境を認知的に表象する仮説的な概念をパーソナル・コンストラクトと呼んだ。パーソナル・コンストラクトは事物を見るときの枠組みということができる。そして，このコンストラクトは，個人によって異なり，そのため，

同じ事象に遭遇しても，その解釈や行動の予測は個人によって異なることになる。ケリーは，その人のパーソナル・コンストラクトの性質を見出すこと，つまり，その人がどのような方法で世界を見ているのかを理解しようとした。

7.2.2　Rep テスト

　ケリーは個人のコンストラクトを測定するため，役割構成レパートリーテスト（Role Construct Repertory Test: Rep テスト）と呼ばれる独自の方法を開発した（図 7.1）。Rep テストでは，自分，母親，兄弟，親友など，その人にとって重要な他者を列挙し，その中から 3 人を一組とし，その 3 人のうち 2 人に共通し，もう 1 人が異なる側面を考えさせた。この作業を組合せを変えて，繰り返す。例えば，自分・父・兄の組合せで，2 人に共通し，1 人が異なるものは，父と兄は「几帳面」だが，自分は「だらしない」かもしれない。このときに使用されたコンストラクトは「几帳面―だらしない」である。次に，父・兄・親友の組合せでは，兄と親友は冒険心が強いが，父は何事にも慎重かもしれない。これは「冒険心―慎重」というコンストラクトである。このように，コンストラクトは常に対極で示される。対極を考えることによって，そのコンストラクトのその人にとっての心理的な意味を把握することができると考えた。例えば，「几帳面」の対極が「だらしない」と考える人もいるが，「几帳面」の反対が「おおらか」と考える人もいるかもしれない。対極をセットで考えることで，そのコンストラクトのその人にとっての主観的で心理的な意味が明らかになる。この Rep テストは，その後，さまざまなバージョンが作成され，目的に応じてアセスメントに使用しやすい形に改変して，使用されている。

7.2.3　パーソナル・コンストラクトによるパーソナリティ

　個人のコンストラクトは，Rep テストや面接などを通して査定することができる。1 つの事象は，さまざまな解釈が可能で，その事象に当てはめることができるコンストラクトは 1 つしかないわけではなく，複数のコンストラクトを考えることができる。ケリーは，これを**コンストラクトの代替性**（constructive alternativism）と呼んでいる。その中で，個人は自身が選択したコンストラク

構成概念の一覧（表出された極 / 暗黙の極）：

分類番号	表出された極	暗黙の極
1	神を信じない	とても信仰深い
2	大卒	高卒
3	運動が苦手	運動が得意
4	二人とも女性	男性
5	面倒見が良い	考えが違う
6	私を理解してくれる	私を理解しない
7	正しいことを教える	間違ったことを教える
8	多くを成し遂げた	あまり多くを成し遂げていない
9	教養がある	教養がない
10	他者を好きでない	他者を好き
11	信仰心の厚い	信仰深くない
12	学歴重視	学歴を重視しない
13	社交的	社交的でない
14	若い	若くない
15	女性	女性でない
16	高い倫理観を持つ	倫理観が低い
17	考え方が同じ	考え方が違う
18	同じ年齢	年齢が違う
19	私に関して同じ考え	私に関しての考えが違う
20	二人とも友達	友達ではない
21	理解してくれる	あまり理解してくれない
22	音楽が好き	音楽を理解しない

グリッド（人物 × 構成概念 1〜22）：

区分	人物	番号	1	2	3	4	5	6	7	8	9	10	11	12	13	14	15	16	17	18	19	20	21	22
家族	自分	1			✓		✓				✓		✓					✓	⊗					⊗
家族	母親	2			✓	⊗			✓		✓		✓	○	✓		✓				⊗			
家族	父親	3			✓	⊗		✓	○		✓		✓	○	✓					⊗				
家族	兄弟	4			✓	✓	○	✓	✓	⊗			⊗		✓			✓	⊗					✓
家族	姉妹	5			✓	✓		✓	○		✓	⊗	⊗		✓		✓					✓	✓	
	配偶者	6				✓	⊗	✓				✓		○	⊗	⊗		✓						○
	元恋人	7		✓			✓	⊗		✓		✓			⊗	⊗						✓	○	✓
	元友達	8		✓			✓	○	✓			✓							⊗	✓		⊗	✓	⊗
	元友達	9				✓			○				○					○				⊗		
誘発性	あなたを嫌う人	10		✓		⊗						○	⊗		✓			✓						
誘発性	力になりたい人	11				○						○			✓			✓		✓				
誘発性	怖い人	12	✓			✓							✓		✓							○		✓
誘発性	魅力的な人	13				⊗	✓									✓		⊗	✓				○	
権威者	影響を受けた先生	14		⊗			✓	⊗	⊗	✓	✓			✓	✓		✓					⊗	✓	
権威者	嫌いな先生	15		⊗			✓	✓	○	○	✓			✓	✓		✓					⊗	✓	
権威者	上司	16		○			✓	✓	⊗		✓			✓	✓				⊗	✓				
価値	成功している人	17	⊗	✓	✓					⊗			✓	✓	✓					⊗	✓		✓	
価値	幸せな人	18	⊗				✓	⊗	✓	✓			✓	✓	⊗	✓		✓	✓				✓	
価値	道徳的な人	19	○				✓			✓		⊗	✓			✓		✓	○				✓	

図 7.1　Rep テストの例（Kelly, 1955 より作成）

Rep テストでは，図中の○のついた人物を比較し，2 人に共通し，もう一人が異なる側面を考える。共通する側面をもつ 2 人に×を加え（⊗），共通する側面を「表出された極」に記入する。そして，同じ特性をもつと考える人物に✓を記入する。

トを通して，さまざまな事象を解釈し，また，出来事を予想する。その予想に
したがって行動が決定される。例えば，子どもが宿題を忘れて登校したとき，
その子の行動を不注意というコンストラクトで考え，あるいは，意志が弱いと
考えることも可能である。また，日常生活のしつけがされていないと考え，あ
るいは，教員に対するその子の無意識の敵意を考えることもできる。宿題を忘
れた事実は変わらないが，その解釈は無数に存在する。そして，解釈が異なれ
ば，その後の出来事の予期が異なり，行動も異なってくる。

　ケリーは，コンストラクトの絶対的な真実より，コンストラクトの利便性や
有用性を重視した。そして，もしコンストラクトが有用でないのであれば，他
のより有用なコンストラクトを見つけ，修正することにより，より適応的に生
きることができると考えている。これは，科学者が仮説を修正するプロセスと
似ており，ケリーは人は皆「科学者」であると考えている。

　このようにコンストラクトは，その内容や個々のコンストラクト相互の関係
に個人差があり，ケリーによるとそれこそがパーソナリティである。また，コ
ンストラクトの代替性についての考え方や利便性や有用性を重視する考え方は，
後の認知療法にもつながる考え方である。

7.2.4　認知的複雑性

　Rep テストで測定されたコンストラクトの重複を調べると，多くの人や事物
に対しても同じような評価をする単純型の人から，対象の特性に応じてバラエ
ティに富んだ評価をする複雑型の人までいることが示され，それを**認知的複雑
性**と呼んだ。ビィエリ（Bieri, J.；1927-）は，この認知的複雑性を個人の認知
システムの個人差を示す指標として注目した（Bieri, 1955）。認知的に複雑で
あると，社会的情報を多次元的にとらえ，対人認知でも相手の状態や特性を正
確に判断したり，難しい事態でも妥当な判断をし，好成績を示したりするなど
が知られている。

7.3　ウィトキンの認知スタイル（場依存型—場独立型）

　情報を受理し，組織化し，処理する仕方に一貫した様式を認知スタイルと呼ぶ。認知的複雑性もこの認知スタイルの一つと考えることができる。1950年代から1960年代にかけて，認知スタイルの個人差に関する研究が活発に行われた。

　代表的なものとして，ウィトキン（Witkin, H. A.）の場依存型，場独立型がある（Witkin, Dyk, Fattuson, Goodenough, & Karp, 1962）。彼は，暗室の中で，蛍光塗料で光る正方形の枠組みの中央に自由に回転できる光棒を設置し，光棒を重力に沿って垂直に操作するという実験（ロッド・アンド・フレーム・テスト）を行った（図7.2）。このとき，正方形が正常位置，あるいは，観察者の座る椅子が垂直のときは，光棒の垂直判断に個人差がほとんどないが，正方形の枠組みや，座っている椅子を傾けると，垂直判断の個人差が大きくなることが示された。そして，その個人差は，代表値を中心に両側に散らばる一般的な分布の型を示さず，2つのタイプがあることを示していた。すなわち，垂直判断の誤差が大きい人と垂直判断の誤差の小さい人である。垂直判断の誤差が大きい人は，枠組みの影響を受けやすく，手がかりを環境に求めると考えられるのに対し，垂直判断の誤差が少ない人は，枠組みの影響を受けにくく，手がかりを自分自身の側に求めると考えられる。前者を**場依存型**，後者を**場独立型**と

図7.2　**ロッド・アンド・フレーム・テスト**
（Witkin, Moore, Goodenough, & Cox, 1977より）

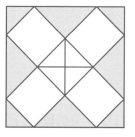

図7.3　埋め込み図形テストの単純図形（左）と複雑図形（右）の例
(Witkin, Moore, Goodenough, & Cox, 1977 より)

した。

　ウィトキンは，このような空間定位における個人差が他の知覚的課題でも
一貫して見られることを確認するために，埋め込み図形テスト（Embedded
Figures Test，図7.3）を開発した。これは複雑で幾何学的な図形に隠されて
いる単純な図形を見つけ出す課題である。この課題では，全体の複雑な図形
（外的枠組み）に惑わされずに，指定された単純な図形を探し当てることが求
められる。刺激の複雑さに惑わされず，図形探しが巧みな人が場独立型とされ
る。この埋め込み図形テストの結果と，ロッド・アンド・フレーム・テストの
結果は対応していることが明らかとなった。

　そして，その後さまざまな研究を通して，このような知覚場面での個人差
が，社会的行動や対人能力など他の心理機能にも一貫して存在することを示し
た。例えば，場依存型は，あいまいな状況で他者からの情報を取り入れて判断
する傾向があるのに対し，場独立型は，自律性を重視し，自分自身の判断を大
切にする傾向がある。場依存型の人は，他者に興味を持ち，対人志向が強かっ
たのに対し，場独立型は非社会的な状況を好み，他者に対する興味が弱かった
（Witkin & Goodenough, 1977）。また，このような認知スタイルは，学生の専
攻分野や成績にも関係していた（Witkin et al., 1977）。場独立型の人は，認知
的・分析的能力が要求される自然科学などを好み，場依存型の人は対人的なス
キルが要求される教育などの分野を好んでいた。また，大学入学時に，自身の
認知スタイルと一致しない専攻を選んだ学生は，卒業時や大学院進学時までに，
自身の認知スタイルと一致する方向に専攻を変えていた。このように認知スタ

イルは，パーソナリティや興味など幅広い特性と結びついている。

　認知スタイルの個人差は，手がかりの求め方という点に関して，種々の領域
における個人差が一貫していることを示している。

7.4 ロッターの期待―価値理論

7.4.1　社会的学習理論

　ケリーのパーソナル・コンストラクト理論や認知スタイルの研究は，認知的
な「構造」の個人差に注目することでパーソナリティをとらえる研究の契機と
なった。これに対して，認知「過程」を重視する立場の先駆者と考えられるの
が，ロッター（Rotter, J. B.；1916-2014）である。ロッターとケリーは，とも
に 1950 年代初頭にオハイオ州立大学の臨床心理学課程の教授であり，後述の
ミシェルの指導者であった。ミシェルは，この 2 人から影響を受けたことを繰
返し述べている。

　ロッター（Rotter, 1966）は社会的学習理論を提唱し，期待という認知機能
を重視した。この理論では，ある行動が生起するのは，ある成果（強化子）を
獲得することについての期待とその成果（強化子）に対する魅力（強化価値）
の相互作用と考えた。人は，学習を通して，その人が置かれた状況で特定の行
動をすれば，特定の成果（強化）を得られると期待する。そして，その成果は
その人にとってとても魅力的なものであったり，あまり魅力的でなかったりす
る。この魅力も学習によって形成される。例えば，「毎日，フランス語の単語
を 10 個覚える」という行動が生起するのは，過去の経験から考えて，そうす
ることによって「フランス語の上達」という成果（強化）が得られるという期
待があるからであり，また，フランス語の上達がその人にとって魅力的である
場合である。この理論を「期待―価値理論」と呼んでいる。特定の状況におけ
る期待は個人によって異なり，また，成果の魅力も人によって異なる。「毎日，
フランス語の単語を 10 個覚える」ことが「フランス語の上達」という期待に
つながる人もいれば，そうでない人もいる。また，「フランス語の上達」が魅
力的な人もいれば，そうでない人もいる。そのことが個人による行動の差異を

生むと考えている。なお，この理論では，個人がどのように状況を解釈するかということを重視し，同じ社会的状況でも認知の仕方には個人差があると考えていた（若林，2009）。

　ロッターは，このような特定の行動に対する期待だけでなく，一般化された期待（すなわち，信念）を重視し，統制の所在（locus of control）という概念を提唱している。

7.4.2 ローカス・オブ・コントロール（locus of control: 統制の所在）

　人は新たな状況に遭遇したとき，過去の経験を基に，その状況に影響を与えることができるかどうかという「期待」を持つ。それが一般化された期待，すなわち，信念である（ローカス・オブ・コントロール）。これは，強化が何に随伴するのかという認知でもある。個人は，与えられた状況において行動の選択肢を持っているが，自身がその中から選んだ行動が強化されると期待しているかどうかということである。自分の行動と強化を直接結びつけて認知する傾向がある人は，内的統制型と考えられる。このタイプは，社会的出来事に対して，その人自身の行為や内的要因（自分の能力・技能・努力）によるコントロールが可能なものと認知する。一方で，自分の行動と強化が必ずしも結びつかない場合は，外的統制型と考えられる。外的統制型は，社会的事象を自己の行為の結果であるよりは，目に見えない偶然性や運・チャンス等を含めた他者の強力な力によるものと認知するとしている。ロッターは，この一般化された期待（信念）が，その人の行動に及ぼす影響を重視した。

　この概念は，測定尺度（表7.1）が開発され，多くの研究を刺激した。その結果，欧米では内的統制型が外的統制型に比べて，学業成績が良好で無気力になりにくいなど，おおむね適応的であるとの報告が多い。また，身体的・心理的健康に関連した研究も多く，おおむね内的統制型の人が自分の健康に注意を払い，健康的な行動をとることなどが報告されている。これに対して，外的統制型の人は喫煙行動やアルコールなど薬物依存と結びつきやすいという報告もある（次良丸，2000）。

表7.1　**ローカス・オブ・コントロール尺度日本語版の項目例**（鎌原他，1982）

内的統制の項目
　あなたは，努力すれば，りっぱな人間になれると思いますか。
　あなたは，自分の人生を，自分自身で決定していると思いますか。
　あなたが将来何になるかについて考えることは，役に立つと思いますか。
　あなたは，努力すれば，どんなことでも自分の力でできると思いますか。
　あなたが幸福になるか不幸になるかは，あなたの努力しだいだと思いますか。

外的統制の項目
　あなたは，何でも，なりゆきにまかせるのが一番だと思いますか。
　あなたの人生は，運命によって決められていると思いますか。
　あなたは，幸福になるか不幸になるかは，偶然によって決まると思いますか。
　あなたの将来は，運やチャンスによって決まると思いますか。
　あなたが努力するかどうかと，あなたが成功するかどうかとは，あまり関係がないと思いますか。

7.4.3　ローカス・オブ・コントロールの周辺

　ロッターの考え方は，さまざまな領域に影響を与えた。例えば，ワイナー（Weiner, B.）らは，ハイダー（Heider, F.）の帰属理論やロッターのローカス・オブ・コントロールの考え方を背景にし，成功・失敗の原因帰属についての理論を展開した（Weiner et al., 1972）。彼らは成功や失敗の原因について，能力・努力・課題の困難さ・運の4種を考え，**成功・失敗の原因帰属**がその後の行動に影響を与えることを示した。ワイナーの示した4種の原因は，外的―内的と安定的―不安定的という2つの次元の組合せによって，それぞれの原因の特徴を考えることができるとした。そして，この原因帰属の個人差を問題とした。

　セリグマン（Seligman, M.）の提唱した学習性無力感という概念も，期待や帰属に関する個人差と関連する概念であるといえる（堀毛，2009）。**学習性無力感**とは，外的環境に対して，自分がコントロールできない状態を経験すると，無気力な状態を学習するというものである。この学習性無力感には，帰属のスタイルが影響することが多くの研究で報告されている。すなわち，失敗など否定的な出来事に対して，その原因を自分の能力のなさなどの内的で安定的な原因に帰属し，そして，その原因が当面の問題のみでなく一般的にも当てはまると考える傾向が強いほど，無力感を生じ，抑うつ状態を招きやすいとされている（Abramson et al., 1978; Seligman et al., 1984 など）。

1980 年代以降，ローカス・オブ・コントロールへの関心が薄れたが，現在でも，健康関連行動についてのヘルス・ローカス・オブ・コントロール（堀毛，1991; Wallston et al., 1976）など，包括的な期待ではなく特定の領域における期待を問題とする研究が行われている。

7.5 バンデューラの相互決定論（自己効力感）

バンデューラ（Bandura, A.）の社会的学習理論では，学習が外的な報酬や罰による直接的な強化によって起きるだけでなく，観察や模倣などモデリングによって生じると考える。この理論では，伝統的学習理論における環境（刺激）が行動（反応）に影響を与えるという図式に，第3の要因として個人を導入し，個人の能動的な側面を強調した。すなわち，伝統的学習理論における，環境が行動を決定するという環境決定論に対し，この理論では，環境，個人，行動による**相互決定論**を展開している。個人が自分自身の経験を秩序立て，自分の行動を調節する側面を重視した。このような考え方は，ケリーやロッター，ミシェルに共通するものである。

バンデューラは，個人の要因として，ロッターと同様，期待など認知的要因を導入した。しかし，ロッターの考える期待は，ある行動をすると，特定の成果が得られるという期待（結果期待）であったが，バンデューラはそれだけでなく，その行動を自分が実行できるかという自分に対する期待（効力期待，または，**自己効力感**）を考えた。特定の行動が生起するのは，これらの2種の期待と成果の魅力の相互作用によって決定されるとしている。例えば，「毎日，フランス語の単語を10個覚えたら，フランス語が上達する」（結果期待）という期待があり，その人にとって「フランス語が上達することが魅力的」（成果の魅力）であったとしても，その人が「自分は毎日，フランス語の単語を10個覚えることなどできない」（自己効力感）と思えば，その行動は生起しない。バンデューラは，この自己効力感を重視した。自己効力感は，過去の経験や他者との比較などによって形成されている。そして，自己効力感は，基本的に領域特定的とされている。特定の状況において必要な行動をうまくできるかどう

かという認識であるので，例えば，フランス語の単語の学習には自己効力感が高いが，スポーツの分野では自己効力感は低いなど，領域によって異なることが考えられる。

　自己効力感は，広い範囲の多くの研究を刺激し，適応的な行動の変化を促す認知療法にも大きな影響を与えている。バンデューラによれば，行動の変容を生じさせる行動療法は，自己効力感を高めることによって，困難な状況にも対処できるという信念を形成するものだとしている（Bandura, 1982）。このように，信念を変えることを重視する点で，認知行動療法と通じる考え方といえる（若林，2009）。

7.6　ミシェルの社会認知理論

7.6.1　パーソナリティの一貫性についてのミシェルの理解

　ミシェル（Mischel, W.）は第1章，第3章で紹介した「人間―状況論争」のきっかけとなった本『パーソナリティの理論（*Personality and assessment*）』（1968）を出版したことで有名である。ミシェルは，この本の中で，異なる状況における行動の一貫性に強い疑問を呈し，その後，伝統的なパーソナリティ理論とは異なる立場からパーソナリティについての概念化を試みた（Mischel, 1973）。第3章で詳述しているが，ミシェルは，伝統的なパーソナリティ理論は間違った観点から一貫性を見出そうとしてきたと主張している。すなわち，伝統的なパーソナリティ理論では，人の行動から状況の影響を排除することによって，行動の一貫性を求めようとしていたため，行動に一貫性がある証拠を得ることができなかったと考えた。人は，状況による影響を受けるものであり，状況的文脈を考慮に入れることで一貫性を見出すことができると考えたのである。つまり，状況と行動の組合せのパターン（イフ・ゼンパターン）には，安定性が見られるとした。さらに，このときの「状況」は，場所や活動として表現されるような標準的なもの（例えば，「食堂で」とか，「数学のテスト」など）ではなく，その人にとっての心理的な意味を持つことが重要であるとしている。その人の心理的特徴を反映するような状況において，特定の

行動をとる傾向があるならば，その行動は他の同じような意味を持つ状況でも出現すると予測できる。例えば，パートナーからの批判などを含む状況は，親しい関係における拒絶という一般的な状況で，その人が他者より傷つきやすいという傾向を示しているかもしれない（Mischel & Shoda, 1995）。

7.6.2 社会認知的個人変数

ミシェルは，個人は認知している心理的に意味がある状況のタイプに対応して安定した行動傾向を示すとしている。このとき，問題となるのは，個人の状況の認知の仕方である。そこで，状況の認知に影響を与える5つの社会認知的個人変数を提唱した（Mischel, 1973）。ミシェルは，その後，「認知—感情システム理論」（Mischel & Shoda, 1995）を提唱し，この変数の内容を少し変えている。認知—感情システム理論については第8章で説明するが，ここでは改変後の社会認知的個人変数について，**表7.2**にまとめた。

表7.2に示されるように，これらの**社会認知的個人変数**は，個人が異なった状況をどのように符号化（解釈）するかという問題を中心に，その解釈された状況との相互作用の中で活性化される，期待と信念，感情，目標や価値，そして，自己制御方略やコンピテンスを含む。これらの変数が，行動の個人差を生み出していると考えられている。

このように，個人が状況をとらえるとらえ方がパーソナリティに影響を与え

表7.2 **社会認知的個人変数**（Mischel & Shoda, 1995, p.253 より作成）

1. **符号化**
   自己や人，出来事，状況（外的，内的）についてのカテゴリー（コンストラクト）
2. **期待と信念**
   社会に関するもの，特定の状況における特定の行動の結果に関するもの，自己効力に関するもの
3. **感情**
   気持ちや情動，感情的反応（生理的反応を含む）
4. **目標と価値**
   望ましい結果や感情状態；回避したい結果や感情状態；目標や価値，人生の計画
5. **コンピテンスと自己制御プラン**
   潜在的行動や実行可能なスクリプト，行動を組織化する計画・方略，また，結果や自身の行動や内的状態に影響を与える計画・方略

るという考えは，ケリーのパーソナル・コンストラクト理論の影響を受けており，また，その状況の中でどんな行動をすれば，どのような成果が得られるかという期待が重要な役割を果たす点は，ロッターの社会的学習理論の影響を受けている。

　ミシェルは，人間―状況論争を巻き起こし，従来のパーソナリティ理論の基礎となっていた行動の状況を越えた一貫性に疑問を呈したが，パーソナリティの概念そのものを否定したわけではなかった。むしろ，状況的文脈の中で行動の安定性をとらえ直し，社会認知的変数を重視することで，パーソナリティの再概念化を試みたといえよう。これらの成果は，現時点でのミシェルの最新の考え方である「認知―感情システム理論」として，まとめられている。認知―感情システム理論については，第 8 章で紹介する。

●練 習 問 題

1. 社会認知的理論にとって，ケリーの理論はどのような貢献をしたと思うか，自分なりにまとめ，周囲の人と話し合ってみてください。
2. 自己効力感について，説明してください。
3. 社会認知的アプローチによる心理療法への貢献について，まとめてください。

●参 考 図 書

榎本 博明・安藤 寿康・堀毛 一也（2009）．パーソナリティ心理学――人間科学，
　　自然科学，社会科学のクロスロード――　有斐閣

　パーソナリティを考えるさまざまなアプローチが紹介されている。心理学は，さまざまな領域とオーバーラップしながら発展してきた。各領域とのクロスロードという形で，社会認知的アプローチについても，わかりやすく紹介されている。

バンデューラ，A. 本明 寛・野口 京子（監訳）（1997）．激動社会の中の自己効力
　　金子書房

　自己効力について，関連するトピックを幅広く扱っている。自己効力が適応やウェルビーイングの有効な要因であることが解説されている。また，個人の自己効力だけでなく，集団としての自己効力を考えている点が新しい。

パーソナリティの
最近の理論

日常的に関心の高い性格について，最近の心理学ではどのような理論的枠組みを提供しているのであろうか。人間—状況論争は，この分野の研究に大きな影響を与えた。人間—状況論争後のパーソナリティ研究では，何らかの形で「人間」と「状況」は相互作用することを前提に進められている。本章では，これらの「相互作用」に焦点を当て，最近の理論を概説する。

8.1 ミシェル・正田の認知─感情システム理論

8.1.1 認知─感情システム理論の基本的な前提

　第7章で紹介したように，人間─状況論争を引き起こしたミシェルは，状況的文脈を考慮に入れた安定的な行動のパターンに注目し，パーソナリティ概念の再構築を試みた。ミシェルは，従来のパーソナリティの理論を整理し，パーソナリティに関するそれまでの理論的アプローチは，「それぞれが異なる問いを扱い，異なる分析レベルにおける現象に取り組んでいる」（序文）ため，「パーソナリティ全体の構造ではなく，それぞれ選択された側面だけ」（序文）を扱っていると指摘した（Mischel, Shoda, & Ayduk, 2007）。そして，パーソナリティのそれぞれの分析レベルを統合し，1つのシステムとして考える，**認知─感情システム理論**（Mischel & Shoda, 1995）を提唱している。

　このモデルは，個人差を説明するに当たって，2つの基本的な前提に基礎を置く（Mischel, Shoda, & Ayduk, 2007）。第1に，個人は特定の心的表象（認知─感情ユニット）への常習的接近可能性（chronic accessibility）に違いがあるという仮定である。例えば，あいまいな対人的状況において，ある人は否定的な出来事を個人的拒否として符号化しやすく，あるいは，ある人は不明瞭な挨拶を聞いただけで腹を立てやすいなどの現象として見られるという。そして，「人は，自分独特のやり方で符号化できるような，多くのあいまいな対人状況を経験する。そのため，異なる行動タイプの全体的な平均レベルにおいて，大きな個人差を生じることになる」（Mischel, Shoda, & Ayduk, 2007, p.513）としている。この考え方は，パーソナリティの「古典的な」一貫性と共通する。つまり，多くの異なった状況において，特定の行動タイプについて平均レベルで個人差が認められることを説明している。第2の仮定は，認知や感情の間の関係の特徴的な組織について安定した個人差がある（Mischel & Shoda, 1995）ということである。個人のシステム内の期待，目標，情動，コンピテンス，行動傾向は，比較的安定したネットワーク構造の中で互いに連結され，組織化されている。ミシェルによると，「これが，パーソナリティ構造であり，パーソナリティにおける個人差はこうした構造における違いを反映し

ていると考えられる」（Mischel, Shoda, & Ayduk, 2007, p.513）ということになる。

8.1.2 認知―感情システムの働き

ミシェルは，図8.1に示すような認知―感情システムを考えている。このシステムでは，個人がある状況に遭遇すると，その状況に特有の認知や感情が活性化される。その活性化は，個人が持つ**認知―感情ユニット**（cognitive-affective units）の関連づけのパターンにしたがって，その認知感情的ネットワークの中に拡散する（図8.1）。認知―感情ユニットとは心的表象であるが，幅広いものが含まれる。スキーマのようなものや，第7章で説明したミシェル

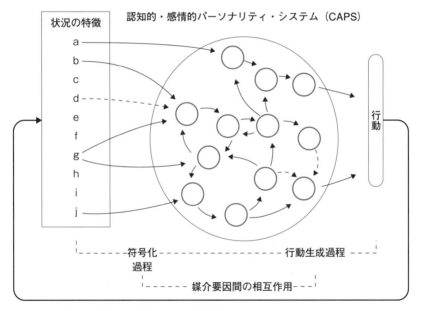

図8.1 認知―感情システムの説明図（Mischel & Shoda, 1995）
状況の特徴が特定の媒介ユニットによって符号化され，それが他の媒介ユニットを活性化し，異なった状況の反応として特徴的な認知，感情，行動を引き出す。媒介ユニットは，特定の状況的特徴に応じて活性化され，他の状況では不活性化（抑制）され，その他の状況では影響を受けない。活性化されたユニットは個人に特徴的な安定的なネットワークを通して他のユニットに影響を与える。他のユニットを活性化させる（実線で示されている）場合と他のユニットの活性化を抑える（破線で示されている）場合がある。

が重視した①符号化，②期待と信念，③感情，④目標と価値，⑤コンピテンス
と自己制御という5つの変数を含む。

　図8.1に示されているように，特定の状況的特徴（例えば，医学的検査の結
果を待つ）は特定のユニット（健康上の脅威であるという符号化）を活性化し，
それが次々に別のユニット（不安という感情やこの状況をコントロールできな
いという信念）を活性化する。このような一連の活性化のパターンによって特
定の状況と行動が結びつけられるとしている。

　このようなシステムの構造が行動の表出につながるのは，イフ・ゼンパター
ンとしてである。例えば，難しい試験を受けるとき，ある人はその状況により
不安を活性化させ，それがその個人の構造の中で，失敗感情と結びつき，結
果的にパニックや回避を引き起こし，その結果，終了前に教室を出ていくと
いう行動を引き起こす。しかし，同じ試験を受ける別の人は，同様に不安を
活性化させたとしても，その個人の構造の中では，「冷静化方略」を活性化さ
せ，問題解決に向かうという行動を引き起こす。この両者は，同程度の不安を
経験したかもしれないが，その不安反応が認知—感情ユニットの回路の違いに
よって，行動が異なってくる。そして，それぞれの個人のイフ・ゼンパター
ンとして現れると考えられる。難しい試験で不安を活性化し，回避行動をとる
人は，同じような状況で回避行動をとると考えられるが，飛行機に乗るような
場面では，不安を感じても，「冷静化方略」を活性化させるかもしれない。こ
のように，パーソナリティ構造，すなわち，組織化されたネットワークそのも
のが変化しなくても，状況が変われば行動が変化する。ミシェルは各個人の
パーソナリティ構造は，生物学的な基礎（気質や遺伝的素質）と心理社会的な
発育歴の両方によって，比較的安定して，さまざまな傾向を持つとしている
(Mischel, Shoda, & Ayduk, 2007)。

　ミシェルは，今までのパーソナリティ理論を統合するものとして，この理論
を提唱している。図8.2は，それらの複雑な相互作用の一部を図式化したもの
である。ここには，パーソナリティ・システムとして，心理的特質・評価・期
待・自己概念・目標・自己制御などが含まれており，それが相互に関連し合い
ながら，行動のイフ・ゼンパターンを生み出す様子が図式化されている。この

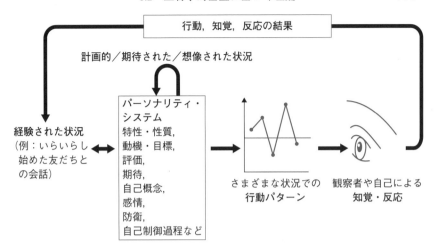

図 8.2　パーソナリティ・システムとその文脈（Mischel et al., 2007）

パーソナリティ・システムは生物学的な基礎を持つとされている。このような
システムは，そのときに出会った状況という外的要因からの活性化を受けるだ
けでなく，個人の思考・感情・目標などによって内的にも活性化される。さら
に，その人の行動は，その人が将来，出会う状況に影響を与えることも示され
ている。例えば，社会的な評価を怖れ，そのような状況を避ける行動をとると，
その行動は周囲の人からは「冷たい」と受け取られ，周囲の人はその人を避け
るようになる。その人自らが作り出した状況の結果，その人はますます孤独を
感じるようになるというのである。

　ミシェルの理論は，今までのパーソナリティ理論を統合しており，きわめて
包括的なパーソナリティのグランドセオリーといえる。「個性記述的な視点と
法則定立的な視点の両方を必要とするパーソナリティ研究の本質的なアプロー
チの一つ」（若林，2009，p.248）として評価されている。

8.2　生物学的基盤に基づく理論

8.2.1　パーソナリティの生物学的基礎

　第3章で紹介したアイゼンクは，パーソナリティと生物学的基礎を結びつけ

ようとしたパイオニアであった。アイゼンクは，外向性―内向性と神経症傾向
という2つの次元でパーソナリティを考えた。このうち，外向性―内向性次元
は，脳内の生理的な覚醒レベルの違いと対応すると考え，脳波や循環器系の活
動を測定した。その結果，例えば，内向型の人は外向型の人に比べて，低い周
波数の音に対して脳波の活動が大きく変動することが示された。これは，その
ような刺激に対して，内向型の人が外向型の人に比較して，脳が過敏に反応す
ることを示しており，このような生理的反応に苦しめられるため，内向型の
人は活発な行動から離脱する傾向があると考えた（Eysenck, 1960）。また，ま
ばたきの条件づけの結果などから，内向型の人は外向型の人に比べて条件づ
けが起きやすく，特に，恐怖が大きいときにその傾向が強まることを示した。
アイゼンクはこのことについて，覚醒レベルの違いという観点から説明した
（Eysenck, 1965 など）。

　アイゼンクが最初に理論を構築させたのは1960年代であったが，その後，
生理的な指標をとらえる技術は大きく進歩し，多くの研究で心的過程と生理的
指標の結びつきが報告されるようになった。

8.2.2　行動抑制システム（BIS）と行動活性化システム（BAS）

　アイゼンクの理論を発展させたのがグレイの理論（Gray, 1970）である。グ
レイ（Gray, J. A.；1934-2004）はアイゼンクの内向性―外向性と神経症傾向
という2つの次元を45度回転させた形で，不安と衝動性という2つの次元に
置き換えている（図8.3）。アイゼンクの理論では，外向性―内向性と神経症
傾向の組合せで，2つの精神病理的な状態を判別できるとしている。それらは，
不安神経症や気分変調性障害などと関連する内向的な高神経症傾向と犯罪など
に結びつきやすい精神病質と関連する外向的な高神経症傾向である。そして，
さまざまな神経生理学的検査を実施した結果，この両者は神経生理学的にも区
別できることを示している。グレイは，アイゼンクの外向性と神経症傾向とい
う2つの次元を45度回転させることで，これらの臨床像と一致する次元を得
ることができると主張し，内向的な神経症傾向は不安に，外向的な神経症傾向
は衝動性に対応させた。なお，その後，グレイのモデルの次元とアイゼンクの

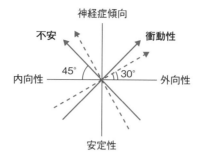

図8.3 **グレイのモデルとアイゼンクのモデルの関係** (若林, 2009, p.174)

モデルの次元は，45度ではなく，30度のほうがより妥当であるとされている（若林，2009）。

　そして，アイゼンクが覚醒レベルという観点から内向性と外向性を区別したのに対し，グレイは「強化への感受性」という点で，不安と衝動性という2つの次元に違いがあると仮定している。アイゼンクらが行ったまばたきの条件づけの実験の再分析や動物を使った研究などを通して，不安は罰という強化刺激に反応するのに対し，衝動性は報酬という強化刺激に反応することを示した。そして，不安と衝動性の次元に対応させて，行動の抑制系と活性系のシステムを仮定した。不安は，行動の抑制系（Behavioral Inhibition System: 以下，BIS）と対応し，罰があることや，報酬がないこと，また，新奇な刺激に反応して，行動を抑制する方向に働くとしている。一方，衝動性は，行動の活性系（Behavioral Activation System: 以下，BAS）に対応する。BASは報酬があることや罰がないことに反応し，目標の達成に向けて行動を触発する機能を持つとしている。

　BISとBASは，1つのシステムの相互に拮抗する過程と考えられていた。つまり，罰の入力によってBISが興奮すると，BASは抑制され，行動も抑制される。その反対に，報酬の入力によるBASの興奮は，BISの抑制を引き起こし，行動が触発されると考えられてきた。しかし，最近では，BISの興奮に先行して，BASの興奮を伴う場合を想定するなど，より複雑な関係を想定している。

　BIS/BASは，それを測定する尺度（表8.1）が開発された（Carver &

表 8.1　BIS/BAS 尺度の項目例 (高橋他，2007)

BIS
　何かよくないことが起ころうとしていると考えると，私はたいていくよくよ悩む
　何か重要なことをあまりうまくできなかったと考えると不安になる
　非難されたり怒られたりすると，私はかなり傷つく
BAS 報酬反応性
　何か好きなことをするチャンスを見つけると，私はすぐに興奮する
　競争に勝ったら，私は興奮するだろう
　私は欲しいものを手に入れたとき，興奮し，活気づけられる
BAS 駆動
　欲しいものがあると，私はたいていそれを手に入れるために全力を挙げる
　私は欲しいものを手に入れるためには格別に努力する
　欲しいものを手に入れるチャンスがあると，すぐに動き出す
BAS 刺激探求
　楽しいかも知れないから，というだけの理由で何かをすることがよくある
　私はしばしば時のはずみで行動する
　面白そうだと思えば，私はいつも何か新しいものを試したいと考えている

White, 1994；高橋他，2007) ことで，多くの研究が行われるようになった。例えば，テレゲン (Tellegen, A.) らは，BIS/BAS と気分状態の関連性について注目し，「ポジティブな情動性」「ネガティブな情動性」という概念を提唱している (Watson, Wiese, Vaidya, & Tellegen, 1999)。

8.3　遺伝の影響に関する理論

8.3.1　遺伝的要因の研究

　第 1 章で見たように，個人のパーソナリティに影響を与える要因として，遺伝があるという指摘は古くはゴールトンにさかのぼることができる。しかし，優生思想の影響があり，パーソナリティをはじめ，こころの遺伝について研究することは，長い間タブーであった。また，心理学の発展過程の中でも，行動主義の心理学が主流であった時代は，人間の行動に影響を与える遺伝の要因は，ほとんど研究の対象になっていなかった。しかし，1960 年代後半から，環境的要因だけでは説明できない個人差についても注目されるようになり，「遺伝と環境の相互作用」が重要であるとされるようになってきた (Jensen, 1969 など)。パーソナリティにおける生理的な要因への関心の高まりとともに，1980

年代以降，行動遺伝学の研究などを通して，パーソナリティの遺伝的要因の研究も展開されるようになり，生命科学の目覚ましい発展に伴って，さまざまな新しい知見が得られるようになった。

　遺伝の影響力を調べるには，双生児法が有効である（第5章参照）。双生児法では，1つの受精卵が発達のごく初期に分離した一卵性双生児と2つの受精卵が発達した二卵性双生児を比較する。一卵性双生児は遺伝的に同一の個体が生まれるのに対して，二卵性双生児は遺伝的には普通の兄弟と同じである。そこで，ある特徴が一卵性双生児間で一致度が大きく，二卵性双生児間では一致度が小さい場合，その特徴は遺伝しやすいと考えられる。また，一卵性双生児で出生後まもなく2人が分けられ，個々の環境で育った場合，2人の間の環境の違いにもかかわらず共通の特徴があれば，その特徴は遺伝しやすいと考えられる。プロミン（Plomin, R.）らによって創始された**行動遺伝学**では，双生児法を用いて，構造方程式モデリングを適用し，性格的側面への遺伝的影響を推定している。

8.3.2　行動遺伝学の方法

　人のDNAの99％以上はすべての人に共通で，個人による違いは，わずか0.1％であるといわれている。しかし，その一つひとつに何種類かの型が存在しているので，膨大な遺伝的多様性が生み出されることになる。

　行動遺伝学では，「遺伝子型」と「表現型」の区別を明確にしたことで，パーソナリティの遺伝についての誤解を解消することに役立った。つまり，遺伝であるということは，遺伝子型が親から子へ伝わるのであり，表面に現れる表現型が必ずしも似ているとは限らない。例えば，血液型でいえば，遺伝子の種類としては，A，B，Oの3型である。遺伝子は2つで一対であるので，遺伝子の組合せは，a-a，a-b，a-o，b-b，b-o，o-oとなる。これが遺伝子型である。血液型の場合，Oの遺伝子は劣勢となるので，o-oの遺伝子の組合せのみが，O型の血液型として表現される。したがって，血液型はA型，B型，AB型，O型の4種類となる。これが表現型である。そして，遺伝子は，父方と母方のそれぞれから1つの遺伝子を受け継ぐため，表面的には親子で異なる

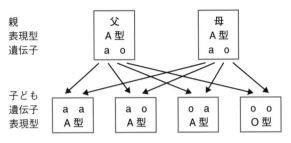

図 8.4　血液型の遺伝

血液型（性質）を持っていても，血液型（その性質）は遺伝によって決定されると考えられる。血液型の場合，図 8.4 に示すように，父方，母方ともに A型であったとしても，その子どもは，A 型の血液型だけでなく，O 型（o-o）の血液型を持つ可能性がある。

　行動遺伝学では，この考え方を適用し，見かけの現象の背後に遺伝子という潜在因子を仮定し，その潜在因子の組合せがどのような影響力を表現型にもたらしているのかを解明しようとする。このとき問題にしているのは特定の遺伝子ではなく，遺伝と環境が平均して，どの程度個人差に影響を及ぼしているのかという，全体的な影響である。この目的のため，構造方程式モデリングを使用して，固体レベルではなく，集団レベルでの統計的法則性を手がかりにして，遺伝と環境がそれぞれの形質の分散を説明する力を推定する。

8.3.3　行動遺伝学の成果

　これまでの行動遺伝学の研究を通して，遺伝的影響を受けない心理的特性はほとんどないことが明らかになってきた。同時に，行動の遺伝率が 50% を超えることもほとんどなく，遺伝によらない変動因も重要であることが示されてきている（Plomin, 1990）。図 8.5 に示すように，パーソナリティについても，おおむね 30 〜 50% の遺伝率が報告されている。環境の影響は 50 〜 70%で，パーソナリティは遺伝と環境の双方の影響を受けることが明白となった。それは，ビッグファイブの 5 因子など基本的な次元だけでなく，自尊心や権威主義的伝統主義などの態度についても同様である。行動遺伝学を使用した研究は，さまざまな性質を対象として続けられており，例えば，恋愛のスタイルや

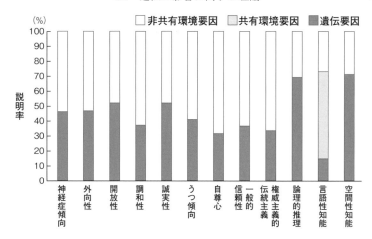

図8.5 **パーソナリティの遺伝要因と環境要因** (安藤, 2009, p.122)

結婚などについての研究も報告されている。それによると，恋愛のスタイル
には遺伝の影響はほとんど見られない（Waller & Shaver, 1994）が，結婚する
かしないかということには遺伝の影響がある（Johnson, McGue, Krueger, &
Bouchard, 2004）という。

　また，行動遺伝学では，遺伝の影響だけでなく，環境の影響も明らかにして
いる。図8.5に見られるように，環境は共有環境と非共有環境を区別した。共
有環境とは，個人間で共有される環境で，例えば，○○家という家族のメン
バーが共有する家庭の経済力や親の教育程度などである。非共有環境とは，個
人に特有の環境で，例えば，同じ○○家でも，長男としての環境と次男として
の環境は異なると考えられる。そして，パーソナリティの発現には，共有環境
より，非共有環境が重要であることが示されている。

　パーソナリティを含めたさまざまな心理的形質において，遺伝の影響力が存
在することが明白になってきたが，これまでの研究で，特定のパーソナリティ
に関与する特定の遺伝子があるわけではないことも明らかになってきた。あ
るパーソナリティの発現に関わる遺伝子は1つだけではなく，複数の遺伝子の
組合せを考えることが重要である。つまり，例えば，外向性というパーソナリ
ティに関して，「外向性遺伝子」のようなものが存在するわけではなく，複数
の遺伝子の組合せが「外向的」というパーソナリティの表出に関わっていると

いうことである。

8.3.4　クロニンジャーの理論

　クロニンジャー（Cloninger, C. R.）は遺伝的に独立したパーソナリティ
の因子があると報告し，注目を浴びた（Heath, Cloninger, & Martin, 1994;
Stallings, Hewitt, Cloninger, Heath, & Eaves, 1996 など）。彼は，パーソナリ
ティを遺伝的な要因の影響を強く受ける気質と，環境の影響を受け自分で作り
上げる性格に区別して考えた。そして，新奇性追求（novelty seeking），障害
回避（harm avoidance），報酬依存（reward dependence），固執（persistence）
という4つの気質は遺伝的に独立した起源を持つと主張する。新奇性追求は，
新しさに反応して探求し，衝動的な意思決定をしやすいという特徴を持ち，行
動の触発に関連するとされている。障害回避は，将来の問題を悲観的に心配
し，不確かさへの恐怖を持つとされ，行動の抑制に関連するとされる。報酬依
存は，その時点で得られている他者からの承認など人間関係を維持しようとす
る性質で，行動の維持に関連するとされている。固執は現在の行動を維持し
ようとする傾向で，行動の固着に関連すると考えられている。そして，新奇性
追求はドーパミン，障害回避はセロトニン，報酬依存はノルエピネフリンとい
う神経伝達物質との関連があり，それを受容する細胞の遺伝子に影響される
と主張する。これを裏づけるように，新奇性追求とドーパミン受容体遺伝子多
型との関連を見出した研究もある（Ebstein, Novick, Umansky, Priel, Osher,
Blaine, Bennett, Nemanov, Katz, & Belmaker, 1996 など）。しかし，その後の
研究で，これらの想定されていた遺伝子多型と気質の間の関連を再現できな
いという報告もある（Herbst, Zonderman, McCrae, & Costa, 2000）。これは，
パーソナリティの遺伝の複雑性，すなわち，特定のパーソナリティに対応する
特定の遺伝子が存在するわけではなく，遺伝子の組合せが重要であることが関
連していると考えられる。

8.3.5　進化心理学

　進化心理学的アプローチは，ダーウィンの進化論に基礎を置いたアプローチ

である。このアプローチでは，人間の心理的機能について，ダーウィンの自然選択の原理によって，進化の結果として生まれてきたと考える。この考え方では，遺伝的・生物的な競争に勝ち，子孫を残し，遺伝子を次世代に伝えていくという観点から，パートナー選択や嫉妬の原因に見られる性差などが研究されてきた（Buss, 1989; Buss & Penke, 2015 など）。

進化心理学では，女性は男性に比べて自分の遺伝子を伝える子孫の数が少なく，子孫を残せる期間も短いことから，子孫を残すために，生産性が高く，信頼できるパートナーを選択することが重要とされる。一方，男性は自分の遺伝子を残すのは，パートナーの子どもを産む能力に依存するため，パートナーの若さと健康性が重視されるとする。また，女性は自分が産んだ子どもが自分の遺伝子を継承していることは明白であるが，男性は女性が産んだ子どもが自分の遺伝子を継承しているかどうか確実ではない。そこで，男性は身体的な浮気に対して，嫉妬を感じやすいのに対し，女性は子どもを育てていくために男性からの資源が継続的に必要となるため，男性の心理的浮気に対して嫉妬を感じやすいとしている。バス（Buss, 1989）は，33 カ国の 37 集団から抽出した 1 万人以上を対象に質問紙を実施し，これらの仮説を支持する結果を得ている。これらの結果は，パートナー選択や嫉妬についての性差を必然的なものとして解釈しており，現在の社会に存在する性差別を正当化する傾向がある点について疑問が呈されており，結果の解釈について慎重な見方がある。

このような人類に共通する心理的機能が進化の過程で獲得されてきたという説明だけでは，パーソナリティの個人差を説明するには不十分であり，現在の人間に存在している心理機能の個人差も進化の過程で形成・維持されたことが説明できることが求められる。これに対して，環境条件の違いがその環境への最適適応のパターンの違いを生み出すことが，多様な遺伝子が継承され，個人差が生じる基となっていることなどから説明されている。例えば，カンペリオ・チアニら（Camperio Ciani, Capiluppi, Veronese, & Sartori, 2007）は，イタリアの 3 つの島に住む人と内陸部に住む人について，形容詞による 5 因子性格特性の質問紙を実施し，平均的なパーソナリティ傾向の違いを検討した。その結果，島に住む人は，本土に住む人に比べて，誠実性や情緒安定性が高く，

外向性や経験への開放性は低いことが示された。島に住む人の中でも，おおよそ20世代に渡って島に住む人たちは，本土に住む人や島に移住してきた人たちに比べて，外向性や経験への開放性が低いことが示された。これらのパーソナリティの違いについて，遺伝的な違いによって説明される可能性を示し，さらに，遺伝的な違いが島という環境に適応するために選択された結果である可能性について言及している。

　このような環境の要因の違いがパーソナリティの進化に与える影響の重要性は，ドーパミンD4受容体の遺伝子DRD4の多型性の分布に関する研究でも見ることができる。DRD4には，長短による多型があるが，DRD4の多型の割合が，地球上の地域によって異なることが報告された（Chang, Kidd, Livak, Pakstis, & Kidd, 1996）。DRD4の長い型は，ヨーロッパやアメリカに多く分布しているが，アジアでは非常に少ないことが報告されている。DRD4の長いタイプは新奇性追求や衝動性が高いとされている。チェンら（Chen, Burton, Greenberger, & Dmitrieva, 1999）は，39集団の2,320人の移住者への調査によって，移住者はDRD4の長いタイプの割合が定住者に比べて非常に多いという結果を得ている。この遺伝子型を持つ個人が新しい環境において適応的であった可能性が指摘されている。

　このような遺伝子多型の地域による分布の違いは，他の遺伝子にも見られ，後述する遺伝子文化共進化理論につながる。

8.4　文化とパーソナリティ

8.4.1　文化とパーソナリティに関連する研究

　文化はパーソナリティに影響を与える環境の重要な要因の一つと考えられ，20世紀前半から文化人類学の枠組みの中で研究されてきた（伊坂，2006；伊坂，2018）。文化人類学における研究の例としては，日本人の国民性について鋭い洞察を加えた『菊と刀』（1946）を著したベネディクト（Benedict, R.；1887-1948）がいる。ベネディクトは，欧米の「罪の文化」に対して，義理・人情に厚い日本人の特徴を「恥の文化」と名づけた。ベネディクトはこのよう

な「文化の型」を重視していた。また，ベネディクトは，師であったボアーズ（Boas, F.）らが展開した文化相対主義を受け継いでいる。文化相対主義とは，こころの性質は人類に共通で普遍的であるというタイラー（Tylor, E. B.）の心的単一性の仮説への批判から始まった。心的単一性を想定すると民族間に見られる多様性が，その民族が到達した進化の段階の違いとして理解される文化進化論につながる。それに対し，文化相対論では，文化の違いを進化の度合いの違いとは考えず，文化をそれぞれの集団の属性と見なし，すべての文化は対等で，人のこころは文化の影響を受けて発達すると考えた。この考え方は，人間の心的過程は性や人種などの生理的要因ではなく，文化的要因によって決定されるという文化決定論を内包していた。ボアーズの学生であった，ミードやベネディクトは，この文化決定論をそれぞれの立場から発展させた。

　このような文化人類学における文化とこころの関係の研究の展開にもかかわらず，心理学では，こころを文化普遍的なものと考える行動主義の実験心理学が主流であった。行動主義の心理学では，パーソナリティなど個人差と同様，文化も統制すべき変数となっていった。

　1960年代に入ると，「文化とこころ」の研究を担っていた文化人類学の領域で，文化とパーソナリティに関する研究は，衰退していく。その原因は，それまでの文化とパーソナリティの関連についての研究では，こころと文化の同型性を前提とし，文化内の個人差をあまり考慮に入れなかったこと，また，特定の文化の中での社会化のプロセスを通して文化とこころの同型性が形成されるという一方向の影響を想定していた点などが批判されたことにある。

　文化人類学において文化とパーソナリティの研究が衰退した時期に，一方では，文化とこころの関連について，学際的関心が高まった（星野，1984）。文化人類学的な立場からだけでなく，社会心理学や，精神医学，神経科学などの立場から，文化とこころの関連についての研究が発表されるようになった。社会心理学や発達心理学を背景とする心理学者たちは，文化とこころの相互関連性を強調する文化心理学を提唱するようになった。特に，マーカスと北山（Markus & Kitayama, 1991）の文化的自己観の理論は，その後，多くの実証的研究を生んできた。

8.4.2　文化的自己観

　マーカスと北山（Markus & Kitayama, 1991 など）の文化的自己観の理論では，西洋の個人主義的文化と東洋の集団主義的文化を対比し，それぞれの文化の背後にある「人間観」や「自己観」の違いに注目した。そして，それがその文化に生きる人のさまざまな社会的認知に影響を及ぼし，その結果，個人のパーソナリティにも影響を及ぼすと考えた（北山，1998；北山・唐澤，1995など）。この自己観は，西洋の個人主義的文化の中で見られる相互独立的自己観と，東洋の集団主義的文化に見られる相互協調的自己観という軸である。図8.6 に示すように，個人主義的な文化の中に見られる**相互独立的自己観**は，自己が周囲の他者と明確な境界で区別され，相互に独立している。そのような自己観では，個人を規定するのはその個人に備わった内的な属性であり，自己を取り巻く状況に影響されずに，内的な属性を発揮していくことが期待される。一方，集団主義の文化に見られる**相互協調的自己観**では，自己は周囲の重要な他者と境界が重なり合っており，自己と他者の心理的な境界が不明確である。重要な他者との関係の中で自己が形成され，発揮されるとしている。このような自己観は，社会的認知や社会的行動に幅広く影響することが考えられ，現在まで，この自己観に立った研究が数多く蓄積されてきている。

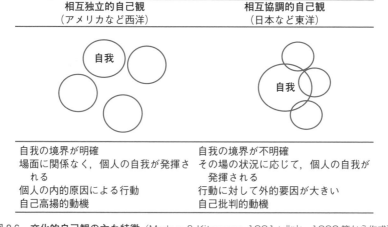

図 8.6　**文化的自己観の主な特徴**（Markus & Kitayama, 1991；北山，1998 等から作成）

8.4.3　遺伝子と環境の相互作用（遺伝子文化共進化理論）

　現在では，自己観など心理的変数の文化差は広く認められているが，それらの文化的差異がどこから生まれるのかという点について，社会生態学的観点からの研究や遺伝子や神経科学の分野からの研究も展開されている（石井，2014；Kitayama & Uskul, 2011；Oishi & Graham, 2010；竹村・結城，2014；山岸，1998）。例えば，前述したように，ドーパミン遺伝子には長短の多型があり，それが新奇性追求などと関連していること，そして，その分布に地域差があることが報告されている。このような事実は，遺伝子と環境が相互作用することを示している。

　このような例は他に，セロトニントランスポーターの遺伝子多型でも報告されている。セロトニントランスポーター（5-HTTLPR）の遺伝子の発現をコントロールするプロモーターには長短の2つのタイプがあり，短い（S）タイプは，長い（L）タイプより5-HTTLPRの発現量が少なく，細胞への再取込みも少ない。S型の人はL型の人より，不安傾向が強いことが知られている（Lesch, Bengel, Heils, Sabol, Greenberg, Petri, Benjamin, Muller, Hamer, & Murphy, 1996）。さらに，うつ病の発症と環境要因との関係が，5-HTTLPRの遺伝子多型によって調整されていることが報告されている（Caspi, Sugden, Moffitt, Taylor, Craig, Harrington, McClay, Mill, Martin, Braithwaite, & Poulton, 2003; Taylor, Way, Welch, Hilmert, Lehman, & Eisenberger, 2006）。対立遺伝子のいずれかがL型（s/l, l/l）である場合には，うつ病の発症に環境の要因はほぼ関係しない。しかし，対立遺伝子が2つともS型（s/s）である場合には，ストレスの高い環境（幼少期のストレスフルな家庭環境や逆境の経験など）ではうつ病にかかりやすいが，そうでない場合には，むしろうつ病にかかりにくいことが示された。

　また，DRD4と同様，5-HTTLPRにおいても，遺伝子多型の分布には地域差があることが知られている。S型の割合は，東アジアで70〜80％であるのに対し，ヨーロッパでは40〜50％であった（Gelernter, Kranzler, Coccaro, Siever, & New, 1998）。

　チャオとブリジンスキー（Chaio & Blizinsky, 2010）は，ホフステッドの調

査で集団主義（vs 個人主義）の得点の高い国ではS型の割合が多いことを報告している。さらに，S型が多い社会は，WHO（世界保健機関）の調査からうつ傾向や気分障害の割合が小さく，この関係が集団主義傾向によって媒介されることを示した。また，歴史上，病原体の感染にさらされた地域ほど，S型の割合が大きく，集団主義傾向が高いことを示し，S型の割合が病原体の感染と集団主義の関係を媒介していることを示した。集団主義の社会では，集団内の関係や結びつきを重視する。このような社会は，個人のストレスを減少する効果があり，病原体の感染など脅威にさらされた個人に対して，緩衝材の役割を果たすと考えられている。病原体の脅威にさらされた地域は，自然環境の厳しさという点では，S型に不利であったかもしれないが，集団主義の社会が作られることにより，不安傾向の高いS型は周囲に気を配る傾向があるので，集団主義の社会環境への適応には有利であった可能性がある。そして，S型の割合が増えることで，その社会の集団主義的規範が維持されるという方向へと進化した可能性がある。このような遺伝子と文化の関係をチャオとブリジンスキーは，「遺伝子文化共進化」と呼んでいる。

　このような遺伝子と文化の共進化を想定できる他の遺伝子（オピオイド受容体の遺伝子やオキシトシンの遺伝子等）も報告されている。しかし，このチャオとブリジンスキーの5-HTTLPRと，集団主義の共進化に代表されるこれらの研究はまだ緒についたばかりで，これらの仮説の妥当性は今後の研究課題である。石井（2014）は，チャオとブリジンスキーの研究について，次の3点から課題を述べている。①一般化可能性という観点から，西洋と東洋という比較による結果であり，アフリカや南米が含まれていないこと。また，特定の文化内で集団主義とS型の割合を調べると追認できないという報告がある（Eisenberg & Hayes, 2011）ことからも一般化可能性に疑問が残る点，②社会文化を単位とした分析で得られた知見であり，個人の遺伝子多型と行動傾向や神経基盤との関係を明らかにしていない点，③集団主義や相互協調に含まれる価値観に対応した慣習のどの側面が遺伝子と相互作用するのか明確になっていない点，という3点である。

　課題は残るが，これからの展開が楽しみな領域である。

コラム 8.1　ポジティブ心理学

　学習性無力感の研究で有名なセリグマン（Seligman, M. E. P.）は，ポジティブ心理学の創設者としても知られている。**ポジティブ心理学**は，心理学が病理や人間の性質の弱い部分に目を向け，よい側面や強い部分に目を向けてこなかったという点を問題として，セリグマンが創設した。理論というより，運動と考えられ，心理学のさまざまな領域の研究と結びついて広がった。

　ポジティブ心理学の研究は3つの階層からなされているという（Boniwell, 2012）。第1の階層は，主観的階層で，喜び・ウェルビーイング・満足感・幸福感・楽観性やフローと呼ばれる心理状態について研究するもので，個人が「よい気分を感じること」を研究する階層である。第2の階層は，個人的階層で，人間の強み・美徳・未来志向性・対人スキルなど，「よい人間」になるために必要な資質や，「よい人生」の構成要素などを研究する。第3の階層は，道徳・社会的責任・利他主義・労働倫理・ポジティブな組織など，「社会人としての人格の向上と共同体の発展に寄与」する，個を超越していくための要素を研究するとされている。

　第2の階層の研究の一つが人格の強みについての研究である。ピーターソンとセリグマン（Peterson & Seligman, 2004）は，ポジティブ心理学の最初のステップとして，人格の強みのリストを作成した。彼らは，宗教の聖典からボーイスカウトの宣誓書に至るまで，さまざまな徳（virtue）のリストを調査した。そして，共通のものを見出そうとしたが，すべてのリストに登場するような徳はなかった。しかし，ほとんどすべてのリストに登場するものとして，「知恵」「勇気」「人間性」「正義」「節制」「超越性」の6つの大きな徳の枠組みを設定した。そして，その下位概念として24の人格の強み（character strength）を特定した（表8.2）。これらのリストは，従来の特性論で得られていた特性のリストとは一線を画すもので，興味深い。

　ポジティブ心理学では，辛い体験をした後の人格的成長についても注目している。困難な体験をした後に，うつ状態などを経験する心的外傷後ストレス障害（Post-Traumatic Stress Disorder: PTSD）は有名である。しかし，1990年代後半に困難な体験後にポジティブな変化を示す心的外傷後成長（Post-Traumatic Growth; 以下，PTG）という概念が提唱された（Tedeschi & Calhoun, 1996）。PTGとは，人生の危

表8.2　**セリグマンの人格の強みのリスト**（Peterson & Seligman, 2004）

徳目	人格の強み
1　知恵	創造性（独創性・創意工夫の才） 好奇心（興味・新奇性追求・経験への開放性） 偏見のないこと（判断・批判的思考） 学習への愛 視野の広さ（知恵）
2　勇気	勇敢さ（武勇） 忍耐強さ（不屈さ・勤勉性） 高潔さ（誠実さ・正直さ） 活力（熱心さ・情熱・気力・エネルギー）
3　人間性	愛 親切さ（寛大さ・慈しみ・気遣い・思いやり・愛他性・感じのよいこと） 社会的知能（情緒的知能・個人的知能）
4　正義	社会の一員としての市民性（社会的責任・忠誠・チームワーク） 公平性 リーダーシップ
5　節制	寛容さと慈愛 謙虚さと慎み 思慮分別 自己調整（自己制御）
6　超越性	美と卓越性に対する感謝（畏敬・感嘆・精神の高まり） 感謝 希望（楽観性・未来への関心・未来志向性） ユーモア（遊戯性） スピリチュアリティ（宗教的・信仰・目的）

機や困難に対して，精神的にもがき苦しむ経験の結果生じる，ポジティブな心理学的変容（成長）の体験といえる（Tedeschi & Calhoun, 2004; Taku, Kilmer, Cann, Tedeschi, & Calhoun, 2012 など）。PTGは日本では東日本大震災をきっかけに注目されるようになった。伊坂（2018）は，2011年3月に起きた東日本大震災の当時に中学3年生で，中学から高校への移行期であった59名に質問紙調査を実施し，被災の程度や当時のソーシャルサポートとPTGの関連を調査した。その結果，中学3年で東日本大震災を経験した人は，一般的な高校生やトラウマを報告した高校生に比べて，PTGが高かったことが示された。さらに，中でも，家族に死亡者がいたり，自宅が全壊したりするなどの深刻な被害にあった人は，そうでない人よりPTGが高く，本人が辛さを強く感じているほど，PTGが高いことを示した。過酷な体験によ

り，自分の中で世界に対する中核的な信念が揺らぎ，崩壊し，そこから新たな意味を見出すことにより，PTG につながると考えられている (Triplett, Tedeschi, Cann, Calhoun, & Reeve, 2012 など)。ポジティブ心理学では，過酷な体験でさえも，人間は無力ではなく，主体的に関わることで人格を成長させることができるとしている。

　ポジティブ心理学の今までの研究結果から，主観的な幸福感と関連するものとして，①人生に意味を見出すこと，②楽観性，③自己効力感，④社会的サポートなどが挙げられている (Aspinwall & Staudiiner, 2002; Mischel, Shoda, & Ayduk, 2007)。

●練 習 問 題

1. 就職活動中に第1志望の会社を含めて，いくつかの会社から不合格の通知をもらったと想定し，ミシェル・正田の認知・感情システムを使用して，自分の行動を予想してみてください。また，同じ状況で異なる行動をとる他者の認知・感情システムを予想してください。
2. 遺伝子・文化共進化理論について説明してください。

●参 考 図 書

安藤 寿康（2000）．心はどのように遺伝するか——双生児が語る新しい遺伝観——講談社

　行動遺伝学の入門書。遺伝についてのさまざまな誤解を解きながら，行動遺伝学からのアプローチを解説している。遺伝について敷居の高い初心者にも，たいへん読みやすく，わかりやすい。

ミシェル，W.・ショウダ，Y.・アイダック，O. 黒沢 香・原島 雅之（監訳）（2010）．パーソナリティ心理学——全体としての人間の理解—— 培風館

　パーソナリティ心理学を包括的に紹介したテキスト。パーソナリティについて，これまでのさまざまなアプローチを包括的に解説し，そのうえで，新たな統合的モデルを提唱している。

西條 辰義（監修）山岸 俊男（編著）（2014）．文化を実験する——社会行動の文化・制度的基盤—— 勁草書房

　文化心理学を解説したうえで，文化とこころの相互作用を「適応」という観点からとらえることを提唱している。実証的なデータを示しながら，文化とこころの相互作用のプロセスに切り込もうとしている。専門的ではあるが，興味深い事実が実証的に解説されている。

9

パーソナリティ障害

人間のパーソナリティは本来多様なものであると考えられるが，パーソナリティが極端に偏っている人たちがいて，日常生活でさまざまな問題を引き起こしてしまうことがある。このような，パーソナリティの極端な偏りのせいで，日常生活に支障をきたしてしまう状態はパーソナリティ障害と呼ばれている。本章では，パーソナリティ障害について，現在までに提起されているいくつかの理論を説明し，どのようなとらえ方がなされているか理解していくことにしよう。

9.1 これまでのパーソナリティ障害に関する理論

9.1.1 パーソナリティ障害という概念の起源

　パーソナリティ障害に該当する概念としては，まず 19 世紀前半にピネル（1810）によって「妄想なき狂気」や「理性的狂気」という概念が指摘された。これは妄想は伴わずに周期的に生じる，患者が理性によってコントロールできる程度の怒りの発作であるとされ，統合失調症に見られる幻覚・妄想がないことを特徴とする精神障害と考えられていた。19 世紀後半になると，コッホ（1888）が精神病ほど重度ではないが正常とは言えない，精神的な異常という状態を「精神病質低格」と名づけている。

9.1.2 シュナイダーの精神病質パーソナリティ

　20 世紀に入り，パーソナリティ障害について明確な定義づけを行ったのは，シュナイダー（Schneider, 1923）である。彼は，まず上位概念として，「異常パーソナリティ」を平均的範囲から極端に偏ったパーソナリティであると規定し，その中のパーソナリティの異常さによって自らが悩むか，その周囲（社会）を困らせるケースを「精神病質パーソナリティ」と定義づけ，①感情高揚者，②抑うつ者，③自信欠乏者，④熱狂者，⑤顕示欲者，⑥機嫌軽動者，⑦爆発者，⑧情性脱失者，⑨意志欠如者，⑩無力者という 10 種類のタイプからなるとした。彼は正常なパーソナリティと異常なパーソナリティの間には明確な境界がなく，移行するものであり，各タイプの特徴を多く持っているか，少なく持っているかという連続体であるととらえていた。

9.1.3 カーンバーグの人格構造論

　カーンバーグ（Kernberg, 1967）は，精神分析的な流れを汲む米国の自我心理学と英国の対象関係理論を統合し，「パーソナリティ構造」を提起した。これは，自他を区別する能力，自己と対象のよい／悪い部分の統合度を軸にして，神経症性人格構造，境界性人格構造，精神病性人格構造に分類した。そして当時「境界例」といわれていた境界性パーソナリティ障害を，神経症でも精神病

でもない，独自の臨床単位としてとらえた。

9.2 DSM-5 代替診断基準について

9.2.1 代替診断基準までの経緯

　その後，パーソナリティ障害として指摘される病態がきわめて広範囲に渡っており，どのようなタイプに分類するかということが，大きな課題となっていた。ミロン（Millon, 1981）は，行動パターン（能動性・受動性）と対人関係（依存性・独立性・両価性・離反性）の傾向の組合せから，パーソナリティ障害の分類を行った。米国精神医学会の診断基準であるDSM-Ⅲ以降では，この理論に依拠したパーソナリティ障害の分類が採用されている。しかし，このような分類は，タイプが重なってしまう合併診断が高率に生じること，一方で同じ診断がついているにもかかわらず，ケースごとに大きな相違が見られることなど，信頼性・妥当性の問題点が指摘されていた（林，2016a）。

　このような経緯を経て，DSM-5（2013）において今後さらなる研究が必要なモデルとして新たに提起されたのが，パーソナリティ障害についてのDSM-5代替診断基準である。なお，DSM-5にはDSM-Ⅳから引き継いだ旧来の診断基準がスタンダードなものとして掲載されている（表9.1）が，今後はより

表9.1　パーソナリティ障害群（Personality Disorders）

A群パーソナリティ障害（Cluster A Personality Disorders） 　猜疑性パーソナリティ障害／妄想性パーソナリティ障害（Paranoid Personality Disorder） 　シゾイドパーソナリティ障害／スキゾイドパーソナリティ障害（Schizoid Personality Disorder） 　統合失調症型パーソナリティ障害（Schizotypal Personality Disorder） **B群パーソナリティ障害**（Cluster B Personality Disorders） 　反社会性パーソナリティ障害（Antisocial Personality Disorder） 　境界性パーソナリティ障害（Borderline Personality Disorder） 　演技性パーソナリティ障害（Histrionic Personality Disorder） 　自己愛性パーソナリティ障害（Narcissistic Personality Disorder） **C群パーソナリティ障害**（Cluster C Personality Disorders） 　回避性パーソナリティ障害（Avoidant Personality Disorder） 　依存性パーソナリティ障害（Dependent Personality Disorder） 　強迫性パーソナリティ障害（Obsessive-Compulsive Personality Disorder）

パーソナリティ障害を多面的かつ包括的に把握できる，この代替診断基準のようなタイプが標準的な診断基準として認められていくものと予想される。

9.2.2　2つのパーソナリティ機能

　代替診断基準としては，まず，パーソナリティ機能の評価を行う。パーソナリティ機能としては，自己機能として「同一性」と「自己志向性」の2領域，対人関係機能として「共感性」と「親密さ」の2領域，合計4領域から評価を行う（表9.2）。具体的には，「ほとんど障害がない＝0」「いくらかの障害＝1」「中等度の障害＝2」「重度の障害＝3」「極度の障害＝4」という5件法で機能障害のレベルの評価を行う。その結果，2領域以上に，中等度以上の問題が生じていることがパーソナリティ障害として規定されている（診断基準A）。以下それぞれの機能を説明する。

1.　自己機能「同一性」

　自己機能の一つである「同一性」とは，以下のように定められている。①自分自身と他者との心理的な境界が明確であることである。すなわち，自分自身を唯一の存在として感じられているか。同様に他者に対しても，自分とは異なる唯一の存在として感じられているか。②自尊心や自己評価を安定的に持てているか。③自分自身の感情をコントロールすることができるか。

　このような「同一性」について，機能障害レベル0（ほとんど障害がない）の場合と，機能障害レベル4（極度の障害）の場合の具体的な状態を以下に記載する。

　機能障害レベル0（ほとんど障害がない）：自分自身を唯一のものとして継続的に認識できている。役割に応じて適切な他者との境界を保つことができる。

表9.2　パーソナリティ機能の4領域

自己機能	同一性
	自己志向性
対人関係機能	共感性
	親密さ

一貫性のある，肯定的な自尊心を持っており，自己評価も正確である。すべての範囲の感情を体験し，許容し，コントロールする能力を持っている。

　機能障害レベル 4（極度の障害）：自分自身を唯一のものとして継続的に認識する感覚と主体性や自律性の感覚もない。または自己評価について，著しいゆがみや混乱がある。他者との境界もないか，混乱している。自分自身に憎悪や敵意があるのに，それを認めようせず，他者のせいにしたりする。

2.　自己機能「自己志向性」

　自己機能の一つである「自己志向性」とは，以下のように定められている。①自分自身にとって意義のある目標を追求しているか。②自分の中に社会的に適切な行動の規範を一貫して持っているか。③内省する力を持っているか。

　このような「自己志向性」について，機能障害レベル 0（ほとんど障害がない）の場合と，機能障害レベル 4（極度の障害）の場合の具体的な状態を以下に記載する。

　機能障害レベル 0：自己の能力を現実的に評価することができ，合理的に目標を設定し，それを目指すことができる。適切で一貫した行動の規範を持ち，多くの場面で達成感を得ることができている。自らの内的体験を振り返り，建設的な意味づけをすることができる。

　機能障害レベル 4：目標を設定することが困難であり，非現実的，または一貫性のない目標を立ててしまう。自分の体験や行動の動機を振り返って認識できない。自分の行動についての内的な規範を持っておらず，達成感を感じられることもない。

3.　対人関係機能「共感性」

　対人関係機能の一つである「共感性」とは，以下のように定められている。①他者の考えを理解し，尊重できるか。②自分と異なる意見を容認することができるか。③自分の行動が，他者にどのような影響を及ぼすのか理解できているか。

　このような「共感性」について，機能障害レベル 0（ほとんど障害がない）の場合と，機能障害レベル 4（極度の障害）の場合の具体的な状態を以下に記載する。

　機能障害レベル0：ほとんどの状況で，他者の体験と動機を正確に理解することができる。たとえ意見が異なっていても，他者の考えを理解し，尊重することができる。自分の行動が他者にどのような影響を及ぼすのかを理解できている。

　機能障害レベル4：他者の体験と動機を考慮し，理解する能力がまったくない。他者の考えを配慮したり尊重することがない。他者に対して過度に警戒的で，自らの欲求を満たすことや，損害の回避にのみ専念しているため，自分の言動が相手にどう思われるか気にしない。

4.　対人関係機能「親密さ」

　対人関係機能の一つである「親密さ」とは，以下のように定められている。①他者と信頼関係を築き，それを維持できるか。②他者と親密になりたいという欲求を持ち，それを適切な形で表現できるか。③対人関係において，相手から配慮され，こちらも配慮するという相互性を理解し実践できているか。

　このような「親密さ」について，機能障害レベル0（ほとんど障害がない）の場合と，機能障害レベル4（極度の障害）の場合の具体的な状態を以下に記載する。

　機能障害レベル0：個人および地域の生活において，人間関係は充実し，安定した持続的な多くの関係を保つことができる。思いやりがあり，親密で互恵的な関係を求めている。他者と協力し，相互の利益のために努力し，さまざまな他者の考え，感情，行動に柔軟に対応することができる。

　機能障害レベル4：他者に対してまったくの無関心か，または傷つくことを恐れて親密になることを制限している。他者との関わりから離脱しようとし，一貫して消極的である。人間関係は，一方的な自分の利益になるもの，または痛みや苦しみを与えられるものとして概念化されている。そのため，他者に対する行動は互恵的なものではなく，むしろ自分の欲求を満たすだけのもの，または苦痛から逃避するためのものとなっている。

9.2.3　5つのパーソナリティ特性

　次に，5種類のパーソナリティ特性の病的な程度（表9.3）によって，パー

表9.3 病的パーソナリティ特性と5因子モデルとの対応

病的パーソナリティ特性	5因子モデルのパーソナリティ傾向
否定的感情（vs 情動安定性）	神経症傾向（vs 神経症傾向のなさ）
離脱（vs 外向）	内向性（vs 外向性）
対立（vs 同調性）	調和性のなさ（vs 調和性）
脱抑制（vs 誠実性）	誠実性のなさ（vs 誠実性）
精神病性（vs 透明性）	開放性のなさ（vs 開放性）

表9.4 6種類のパーソナリティ障害と病的パーソナリティ特性との対応

	否定的感情	離脱	対立	脱抑制	精神病性
反社会性パーソナリティ障害			○	○	
回避性パーソナリティ障害	○	○			
境界性パーソナリティ障害	○		○	○	
自己愛性パーソナリティ障害			○		
強迫性パーソナリティ障害	○	○			
統合失調型パーソナリティ障害		○			○

ソナリティ障害の6つのタイプに診断がなされることになる（診断基準B）（表9.4）。5種類の病的パーソナリティの特性とは「否定的感情 vs 情動安定性」「離脱 vs 外向」「対立 vs 同調性」「脱抑制 vs 誠実性」「精神病性 vs 透明性」であり，これらの特性には，より具体的な特性を指す複数の側面が含まれている。以下に説明する。

1. **「否定的感情 vs 情動安定性」**：広い範囲に不安，抑うつ，罪責感／羞恥心，心配，怒りなどネガティブな感情を，頻繁，かつ強烈に体験すること。および，それらが行動と対人関係に現れていること。この特性領域には，情動安定性，不安性，分離不安感，服従性，敵意，固執，抑うつ性，疑い深さ，制限された感情（感情の欠如）という9つの側面が含まれている。

2. **「離脱 vs 外向」**：感情が引き起こされる体験を回避すること。対人関係から引きこもること，感情を体験したり表出することを自分で制限してしまう，特に快感を感じる能力を制限してしまうことが含まれる。この特性領域には，引きこもり，親密さ回避，快感消失，抑うつ性，制限された感情，疑い深さと

いう6つの側面が含まれる。

3.**「対立 vs 同調性」**：自己イメージが尊大で，自分が特別扱いされることの期待と，他者を冷淡に見下したり，嫌悪感を持ったりする。他者の考えや気持ちに気づかず，自分のために他者を容易に利用することがある。この特性領域には，操作性，虚偽性，誇大性，注意喚起，冷淡，敵意という6つの側面が含まれる。

4.**「脱抑制 vs 誠実性」**：自分自身の欲求を満たすことのみを求めて，他者の迷惑になることを気にせずに，衝動的な行動に走ること。この特性領域には，無責任，衝動性，注意散漫，無謀，硬直した完璧主義（その欠如）という5つの側面が含まれる。

5.**「精神病性 vs 透明性」**：その文化にそぐわない，奇妙で普通では考えられないような行動をしたり，認識をしてしまうこと。この特性領域には，異常な信念や体験，風変わりさ，認知および知覚の統制不能という3つの側面が含まれる。

　なお，この5種類の病的パーソナリティ特性は，ビッグファイブといわれるパーソナリティの5因子モデルと対応したモデルとなっている（**表9.4**）。「否定的感情（DSM-5）」は「神経症傾向（5因子モデル）」に，「離脱（DSM-5）」は「内向性（5因子モデル）」に，「対立（DSM-5）」は「調和性のなさ（5因子モデル）」に，「脱抑制（DSM-5）」は「誠実性のなさ（5因子モデル）」に，「精神病性（DSM-5）」は「開放性のなさ（5因子モデル）」に対応している。現在のところ，世界的に最も認められている5因子モデルに対応させることで，パーソナリティ障害を一般のパーソナリティ特性が極端に偏ったものである，というシュナイダーの考え方に沿ったモデルであるといえる。

　最終的に，そこから導き出されるパーソナリティ障害の6つのタイプとは，「反社会性」「回避性」「境界性」「自己愛性」「強迫性」「統合失調型」とされている。なお，それまでの診断基準にはあったが，代替診断基準でなくなったものは，統合失調質，妄想性，演技性，依存性である。また，パーソナリティ障害が存在すると考えられるが，特定の障害の基準に満たない場合には，「パーソナリティ障害，特性が特定されるもの」というカテゴリーも用意されている。

　次の段階の診断基準として，パーソナリティ障害の傾向はさまざまな状況において比較的一貫していること（診断基準 C），少なくとも青年期または成人期早期から始まっており，長期間比較的安定していること（診断基準 D），他の精神障害によるものでないこと（診断基準 E），物質や他の疾患の影響によるものでないこと（診断基準 F），発達段階または社会文化的環境にとって正常とはいえないこと（診断基準 G）が診断のために必要とされている。

　さらに DSM-5 代替診断基準では，診断には入らなかったパーソナリティ特性についても，補足的な情報として追加することができる。すなわち，同じ診断名であっても，その個人に特徴的なパーソナリティを示すことが可能となっている。

9.2.4　DSM-5 代替診断基準の6つのタイプ

　代替診断基準で提案されているパーソナリティ障害の6つのタイプについて，DSM-5 の代替診断基準の記述を基に，初学者に理解しやすいよう，なるべく具体的に平易な言葉で説明を行う。

1.　反社会性パーソナリティ障害

　物質的な利益や個人的な満足感を得るために他者を利用する傾向が見られるタイプ。すぐに苛立ち，衝動的で無責任で攻撃的な行動をとり，時には暴力をふるうなど犯罪を犯すことがある。後悔や罪の意識はなく，他者のせいにして自分の行動を正当化したりする。

【診断基準】

A．パーソナリティ機能について，以下の4つのうち2つ以上について特徴的な困難があるもの。

①同一性：自分自身の利益，権力，快楽を得ようとするような自己中心的な傾向がある。

②自己志向性：自分自身の満足のためにのみ行動し，法的または社会的に適切なルールに従おうとしないこと。

③共感性：他者の感情，欲求，苦痛に関心がなく，他者を傷つけ，虐待しても良心の呵責がないこと。

④親密さ：他者と親密な関係を築く能力がないこと。他者を操作・搾取するために，支配，威嚇，他者をだますといった手段を用いること。

B．病的パーソナリティ特性について，以下の7つのうち6つ以上当てはまるもの。

①操作性（対立の一側面：以下同様）：自分自身の利益のために，他者に影響を及ぼそうとしたり操作しようとするために，誘惑，魅力，饒舌，迎合といった手段を用いること。

②冷淡（対立）：他者の感情や問題に関心がなく，自分が他者に有害なことをしても，罪悪感や良心の呵責を感じないこと。

③虚偽性（対立）：他者に対して不誠実であり，自分を偽るなど嘘をつくこと。

④敵意（対立）：持続的，または頻繁な怒りの感情があり，些細なことに激しく怒り出したりする。そのうえで，卑劣で意地悪な報復行動を行う。

⑤無謀（脱抑制）：必要もないのに，危険で大胆で自分を傷つけるおそれのある活動を行うこと。退屈しやすく，それを打ち消すための行動を軽率に始めてしまう。自分の限界や危険があるという現実を否認する。

⑥衝動性（脱抑制）：無計画に，結果を考えずに，ちょっとした刺激に反応して衝動的に行動してしまう。計画的に行動することの苦手さ。

⑦無責任（脱抑制）：金銭的等の義務や，約束したことを無視して守ろうとしないこと。

2．回避性パーソナリティ障害

　重度の不安，臆病さ，自信のなさを特徴とするタイプ。他者からの拒絶，失敗によって，恥ずかしい思いや失望することを恐れて，そのような相手や状況を避けようとする。新しい場面に行くことや，新しい人間関係を作ることもためらい回避しようとする。一方で，愛されたい，受け入れられたいという強い欲求を自覚しているため，自分について思い悩んでいる。

【診断基準】

A．パーソナリティ機能について，以下の4つのうち2つ以上について特徴的な困難があるもの。

①同一性：自分が社会的に不適切である，人として魅力がない，または劣って

いるという自己評価があり，低い自尊心，過度な羞恥心を持っている。

②自己志向性：個人的な危険を必要以上に避けようとする，対人接触のある新しい活動を避けようとするなど，目標を立てて追求することを避けてしまう。

③共感性：他者から自分は否定的に見られているという，ゆがんだ推測をして，他者からの批判や拒絶に過敏になっている。

④親密さ：好かれていると確信できなければ，他者と関係も持ちたがらない。親密な関係ができたとしても，恥をかかされること，ばかにされることを，必要以上に恐れて，積極的に行動しない。

B. 病的パーソナリティ特性について，以下の4つのうち3つ以上当てはまるもの。さらにそのうち1つは「①不安性」でなければならない。

①不安性（否定的感情）：日常生活において，神経過敏，緊張，またはパニックをしばしば起こす。過去の不快な体験や，将来への悲観的な見通しについて，心配したり恐怖を感じる。

②引きこもり（離脱）：集団場面で寡黙であり，社会的な活動に参加することを避けようとする。

③快感消失（離脱）：物事に興味や喜びを感じることがなく，社会的な活動に参加する気力もないこと。

④親密さ回避（離脱）：恋愛関係などの他者との親密な関係を回避しようとする。

3. 境界性パーソナリティ障害

　このタイプは，安定した対人関係を維持することができず，他者から見捨てられると感じると，強い反応を起こしてしまう。例えば，それまで気にかけてくれていた人から批判された，拒否されたと感じると，その人に対する見方が理想化されたものから，悪意を持って自分を裏切った人であると急激に見方が変化して，強い怒りを持って攻撃的な行動をしてしまう。また，衝動的になり，見境のない無謀な性行動，物質乱用，自殺企図などを起こしてしまうことがある。

【診断基準】

A. パーソナリティ機能について，以下の4つのうち2つ以上について特徴的

な困難があるもの。

①同一性：しばしば過度な自己批判と関連する，貧弱で不安定な自己像を持ち，慢性的な空虚感やストレス下での解離状態が生じたりする。

②自己志向性：明確な目標，価値観，ライフプランを持つことの困難さ。

③共感性：他者から「ないがしろにされた，侮辱された」と感じたりするような，他者をネガティブに理解してしまう過敏さがある。

④親密さ：自分が見捨てられてしまう，という不安に満ちたとらわれを持つ。他者との関係は，相手を理想化したり，価値下げをしたりという両極端の間を揺れ動くような，激しく不安定なものになる。

B．病的パーソナリティ特性について，以下の7つのうち4つ以上当てはまるもの。さらにそのうち1つは「⑤衝動性」「⑥無謀」「⑦敵意」のどれかでなければならない。

①情動不安定（否定的感情）：感情が不安定で，頻繁に気分が変動する。

②不安性（否定的感情）：日常生活において，神経過敏，緊張，パニックをしばしば起こす。過去の不快な体験や，将来への悲観的な見通しについて，心配したり恐怖を感じる。自分がだめになる，または自制心を失うことへの恐怖がある。

③分離不安感（否定的感情）：重要な他者からの拒絶や別離についての恐怖感を持つ。

④抑うつ性（否定的感情）：自分に対して惨め，恥ずかしい，絶望的に感じる，将来に対する悲観，というような落ち込みの感情があり，回復することが困難である。その結果として，自殺念慮および自殺行動を起こすことがある。

⑤衝動性（脱抑制）：無計画に，結果を考えずに，ちょっとした刺激に反応して衝動的に行動してしまう。計画的に行動することの苦手さ。切迫感や感情的苦痛によって衝動的に自傷行為をしてしまう。

⑥無謀（脱抑制）：必要もないのに，危険で大胆で自分を傷つけるおそれのある活動を行うこと。自分自身の限界や危険があるという現実を否認する。

⑦敵意（脱抑制）：持続的，または頻繁な怒りの感情があり，些細なことに激しく怒りやすい。

4. 自己愛性パーソナリティ障害

　自分自身の価値について過大評価することが特徴。自分は優れているので，周囲から特別扱いされたり，他者を利用することを当然と考えている。他者からの賞賛を強く求めており，他者から否定的反応に敏感で，これをきっかけに怒りや抑うつが生じることもある。

【診断基準】

A．パーソナリティ機能について，以下の4つのうち2つ以上について特徴的な困難があるもの。

①同一性：自分自身を過大評価したり過小評価したり，両極端を揺れ動いたりする。自尊心を満たすために，過度に他者と自分を比べたりする。

②自己志向性：自分の目標を立てるときに，いかに他者から承認を得られるかどうかに基づいて決められる。

③共感性：他者の気持ちを認識する能力に障害がある。個人的利益がある場合にのみ，他者に過度に合わせようとする。

④親密さ：自分にとって自尊心や個人的利益を満たすために人間関係が存在しており，表面的なものである。他者に対する関心がほとんどない。

B．病的パーソナリティ特性について，以下の2つともが当てはまるもの。

①誇大性（対立）：自分は他者よりも優れており，特別な存在であるという信念を強固に持っており，他者を見下している。

②注意喚起（対立）：他者の注意を引き，賞賛を得ようとすることを過剰に行う。

5. 強迫性パーソナリティ障害

　このタイプは，ルール，完璧さ，秩序を守ることにとらわれており，柔軟性がなく，変化することを嫌う。例えば，仕事において，完璧を求め過ぎたり，細かいことにとらわれ過ぎて逆にうまくいかなくなってしまうことがある。

【診断基準】

A．パーソナリティ機能について，以下の4つのうち2つ以上について特徴的な困難があるもの。

①同一性：自分の強い感情を体験したり表現したりすることが抑えられている。

②自己志向性：融通のきかない，柔軟性のない非合理的な内的規範を持っており，そのせいで課題を達成したり，目標を実現することが困難である。過度に道徳的な態度をとったりする。

③共感性：他者の考えや気持ちを理解して尊重することが困難である。

④親密さ：人間関係は仕事や生産性のためにあると理解されている。過剰な堅苦しさと頑固さがあり，他者との関係に悪影響を及ぼしている。

B.　病的パーソナリティ特性について，以下の4つのうち3つ以上当てはまるもの。さらにそのうち1つは「①硬直した完璧主義」でなければならない。

①硬直した完璧主義（脱抑制の対極である，極端な誠実さの一側面）：自分自身と他者の行動を含むすべてが，欠点がなく完全で，間違いや失敗なくあるべきだという，融通のきかないこだわりの存在。仕事などで，時間を犠牲にしても，細部まですべてにおいて正確さを確保しようとしたり，順序を守ろうとする。正しい物事のやり方は1つしかないと確信している。考えや視点を切り替えることが困難である。

②固執（否定的感情）：失敗を繰り返しているにもかかわらず，同じ行動をずっと続けてしまう。

③親密さ回避（離脱）：恋愛関係などの他者との親密な関係を回避しようとする。

④制限された感情（離脱）：通常，感情が引き起こされる状況でも，ほとんど反応しない。感情が抑えられ，いろいろなことに無関心や冷淡さが見られる。

6.　統合失調型パーソナリティ障害

　社会的に引きこもり，魔術的な思考や妄想様観念といった奇妙な思考，認識，会話が見られ，対人関係で孤立してしまうタイプ。魔術的な思考とは，自分の思考や行動によって物や人をコントロールできると思い込んでしまうことがある。妄想様観念とは，他者に対して猜疑心や不信感を抱いて，自分に害を及ぼそうとしていると認識してしまうことがある。

【診断基準】

A.　パーソナリティ機能について，以下の4つのうち2つ以上について特徴的な困難があるもの。

①同一性：ゆがんだ自己概念を持ち，自己と他者との境界があいまいである。

②自己志向性：非現実的な目標を立てる。自分の中に一貫した明確な内的規範がない。

③共感性：他者の考えや行動を間違えて解釈してしまう。自分の行動が他者にどのように影響するのか理解することが困難である。

④親密さ：他者に対する不信感や不安があり，親密な関係を作ることができない。

B.　病的パーソナリティ特性について，以下の6つのうち4つ以上当てはまるもの。

①認知および知覚の統制不可能（精神病性）：奇妙で，あいまい，回りくどい，抽象的，細部にこだわり過ぎた考え方や会話をする。奇妙な感覚を持つ。

②異常な信念や体験（精神病性）：他者には奇異に感じられるような，ものの見方や体験をしている。

③風変わりさ（精神病性）：奇異な行動，外見。

④制限された感情（離脱）：通常，感情が引き起こされる状況でも，ほとんど反応しない。感情が抑えられ，いろいろなことに無関心や冷淡さが見られる。

⑤引きこもり（離脱）：他者との接触や，社会的活動を回避し，一人でいることを好む。

⑥疑い深さ（離脱）：他者の誠実さを疑い，相手は自分に悪意があって危害を加えてくると思い込んでしまう。

9.2.5　パーソナリティ障害の特徴とそれがもたらす結果

　ガンダーソンとチョイ゠カイン（Gunderson & Choi-Kain, 2012）によると，この代替診断基準を踏まえたパーソナリティ障害に共通する特徴として，以下が挙げられている。

①他者と対人関係を築くことが困難であること。

②自分自身や他者に対して事実に基づかない形で認識してしまう傾向があること。

③自分や他者に悪い結果を招くような行動をとり続けてしまうこと。

④ストレスへの対処が困難で，不適切な対処法を変えずに続けてしまうこと。

⑤自分で問題を引き起こしていることに気づいていないため，自分から誰かに助けを求めようともしないこと。

⑥薬物療法は根本的な治療とはならないが，症状を軽減することに役立つことはある。

⑦心理療法は，自分が問題を引き起こしていることを患者が自覚し，社会的に望ましくない行動を改めるのに役立つことがある。

　また，パーソナリティ障害がもたらす結果としては，ガンダーソンとチョイ=カイン（Gunderson & Choi-Kain, 2012）は以下の問題が起こり得ることを指摘している。

①身体的な病気につながる行動（物質乱用，無謀な性行動，睡眠不足など），自己破壊的な行動，社会の価値観と衝突するような行動をとってしまう。

②子育てにおいて，無関心，過度に感情的になる，無責任，虐待などのため，子どもに身体的・精神的な問題が生じるリスクが高まる。

③不安症，うつ病，心気症など，他の精神障害を併発する。

④処方された薬を指示通り服用しない。

⑤指示通りに治療に協力しなかったり，相手を疑ったりするため，医療従事者との関係がうまくいかない。

9.3　ICD-11 に向けて提案された新しいモデル

　国際的な診断分類として，DSM と双璧をなす ICD の最新版である，ICD-11 暫定版（2019 年 4 月版）でのパーソナリティ障害について紹介する。世界保健機関（WHO）が作成した ICD-11 では，パーソナリティ障害の特定のタイプ分けがすべて廃止され，診断カテゴリーとしては，パーソナリティ障害のみとなり，パーソナリティ障害があるかないかの 2 分法となる。

　診断の手順としては，①パーソナリティ障害か否かの診断，②パーソナリティ異常の重症度の判定，③パーソナリティ特性の評価，という 3 段階で行われ，場合によってはパーソナリティ特性の評価を省略することも可能など，あ

る程度柔軟に用いることができるものとなっている。

　パーソナリティ障害の重症度は，①対人関係における問題の存在，②職業的および社会的役割におけるパフォーマンスの困難さ，③過去の自傷他害行為，および今後自傷他害行為が起こる見込み，という3つの観点から評価するものとなっている。評価方法は，軽度，中度，重度の3段階で判定される（または特定不能）。この他，パーソナリティ障害とは見なされないが，ストレス状況で出現するパーソナリティの異常を示す「パーソナリティの困難」という概念が提案されている。

　パーソナリティ特性は，①否定的感情，②離隔（DSM-5代替モデル案では「離脱」に該当），③非社会性（DSM-5代替モデル案では「対立」に該当），④脱抑制，⑤制縛性，⑥境界性パターン，となっており，先に説明した代替DSM-5モデルとほぼ共通した内容であるが，代替DSM-5モデルとの相違点として，ICD-11モデルでは強迫性パーソナリティ障害の特徴に該当する「制縛性」と，境界性パーソナリティ障害の特徴に該当する「境界性パターン」がパーソナリティ特性に含まれている。一方で，DSM-5代替モデル案にあった「精神病性」が含まれていない。また，代替DSM-5モデルと異なり，「自己」の正確な評価は困難であるとして，評価に含まれていない。

9.4 パーソナリティ障害の治療

　パーソナリティ障害の治療については，精神療法が効果的とされている（厚生労働省，2011）。精神療法では，患者のどんなことが問題になっているのか，その問題にどのように対処していくかについて，患者と治療者が一緒に検討していく。そのため，患者と治療者が長期間に渡って協力することが必要であり，患者が治療に積極的に参加することが重要となる。また，薬物療法も，パーソナリティ障害の症状を軽減することに効果があるとされている。

　林（2016b）は，パーソナリティ障害では，一定の認知と行動のパターンが問題となっており，その問題のあるパターンに対して自分で適切に対処することを積み重ねることで，パーソナリティ障害の特性を修正できると指摘してい

る。

　ガンダーソンとチョイ゠カイン（Gunderson & Choi-Kain, 2012）は，パーソナリティ障害の治療の一般原則として，以下の4点を挙げている。

1. 苦痛を緩和すること

　治療の最初の目標は，不安や抑うつなどのストレスを軽減することである。治療者はまず，ストレスを引き起こしている状況や人間関係を患者が認識できるように支援をする。その上で，そのストレスを軽減できる方法を治療者と患者とで検討していく。

2. 起きている問題の原因が，他者や状況のせいではなく，自分自身にあることを患者が理解できるように支援する

　パーソナリティ障害の患者は，たいてい自分自身の行動に問題があると思っていないため，治療者は，自分の行動が不適切なものであり，有害な結果を引き起こしていることを患者が理解できるように話し合う。そのためには，患者と治療者が協力的でお互いに尊重し合う関係を築くことが必要である。

3. 社会的に好ましくない不適応な行動を減らす

　無謀で危険の伴う行動，自らを社会的に孤立させる，感情を爆発させる，極端に回避しようとするなどの，望ましくない不適応的な行動に対しては，迅速に対処することが必要である。

4. 困難の原因になっているパーソナリティ特性を是正する

　問題のあるパーソナリティ特性を是正できるようにするためには，自分のパーソナリティ障害が現在の自分の問題にどのように関連しているかを理解することや，問題に対処するための新しい適切な方法を学ぶことが役立つ。そのためには，個人精神療法，集団精神療法，自助グループ，家族療法などが効果的であるとされている。

9.5 パーソナリティ障害という概念のこれから

　以上のように，パーソナリティ障害については，より客観的に状態を把握できるような形で理論が発展してきているといえる。しかし，一方で，パーソナ

リティ障害という状態が，そもそもどのようにして発生してきたのかと考える
と，他の精神疾患と連続したものとしてとらえられるもの（土屋，2014）や，
発達障害や愛着障害との関係が推測されるもの，さらには生得的な要因と生育
史的な要因とが相互に作用する形で発生すると理解されるものなどがある。そ
のため，パーソナリティ障害という概念自体が再構成される可能性もあり，今
後の研究の進展によりさらに明確になることが望まれる。

●練 習 問 題

1. パーソナリティ障害とはどのような状態を指すのか説明してみよう。

2. DSM-5代替診断基準におけるパーソナリティ障害の各タイプを要約して説明してみよう。

3. パーソナリティ障害の治療には，どのような要因が重要であるのか挙げてみよう。

●参 考 図 書

ブラック，D. W.・グラント，J. E. 髙橋 三郎（監訳）下田 和孝・大曽根 彰（訳）
　　（2016）．DSM-5ガイドブック──診断基準を使いこなすための指針── 医
　　学書院

　DSM-5について，詳しい解説がなされている。DSM-5と一緒に読むことで，わかりにくいDSM-5の理解の助けとなる。

青木 省三・宮岡 等・福田 正人（監修）林 直樹（編）（2016）．パーソナリティ障害
　　の現実　こころの科学，*185*，10-16.

　パーソナリティ障害について，新しい理論の流れがわかりやすく紹介されている。

MSDマニュアル家庭版　10心の健康問題　パーソナリティ障害　Merk Sharp &
　　Dohme Corpホームページ　https://www.msdmanuals.com/ja-jp/ホーム（2019
　　年8月閲覧）

　製薬会社MSDが，医学事典「MSDマニュアル」家庭版の日本語訳をインターネットで無料公開している。同マニュアルは1899年に米国で医師向けに創刊されて以来，版を重ね各国で利用されているものである。家庭版の他にプロフェッショナル版も公開されている。

10

パーソナリティの
測定と研究方法

パーソナリティは目に見えないものであるが，ある場面における
考え方や行動パターンから，人との違いを感じたり，自分らしい振
る舞いを考えたりすることは，誰にでもあるだろう。パーソナリ
ティを測定することにより，個人に特有の思考様式や感情状態，行
動傾向を理解し，他者との差異を知ることができる。また，臨床現
場では，クライエントのパーソナリティ傾向をつかむことで，臨床
心理学的援助の手がかりを得ることができる。パーソナリティの測
定方法には，言葉で表出された内容やそれに伴う行動をとらえる面
接法や観察法，検査課題に対する反応からその人らしさを予測する
心理検査法がある。本章では心理学的方法に基づくパーソナリティ
の測定と研究法について概観する。

10.1　パーソナリティ測定の歴史

　個人をある一定のパーソナリティ傾向を持つ存在として理解するため，臨床経験や研究に基づいて，類型論や特性論をはじめとする多くの理論が生み出されてきた。パーソナリティをある基準によって測定しようとする試みは，アメリカやヨーロッパで展開した個人差（individual difference）に関する研究から発展している。客観的指標で個人差をとらえようとした最初の研究は，アメリカのキャッテル（Cattell, J. M.；1860-1944）によるものである。彼は，個人差を数量的に表そうとしたイギリスのゴールトン（Galton, F.）に影響を受け，メンタルテスト（mental test）を開発し，個人の能力を測定しようとした。このテストは，例えば，握力測定でどれくらい握り込めるかにより意志力を測る（サトウ，2003）といった，一部の身体運動反応と精神活動との関連を抽出する試みにとどまり，完全に成功したとはいえなかった。しかし，こうした視点は，その後の心理学的展開に大きな影響を与え，1905 年にフランスの心理学者ビネー（Binet, A.；1857-1911）が医師シモン（Simon, T.）の協力を得て，知能検査の開発がなされることとなった。社会の多様化に伴い，ある人の能力，行動，思考，対人傾向，価値観等を知ることは，専門的職業への適性を測る手段，世界大戦時の新兵入隊の判定手段となり，社会的にも利点があると考えられていた。

　このような個人差研究を発端に，現在では，各人のパーソナリティを理解するための方法として，面接によって言語的情報や非言語的情報を収集して個人を理解する面接法，自然な状況またはある条件下での行動や態度を観察する観察法，目的に沿った検査を用いて思考や感情の傾向，知的水準等を理解しようとする心理検査法が日常的に用いられている。これらの方法では，パーソナリティ傾向を固有のものとして質的に理解する視点とともに，量的に客観化する視点も重視されている。本章では，面接法，観察法，心理検査法を順に説明し，各方法に複数ある手法を概観する。

10.2　面 接 法

　面接法は，行動そのものよりもその人の感情や価値観，動機など，こころの内面を理解することを目的とし（保坂，2000），面接者（interviewer）と被面接者（interviewee）とが，表情や態度等の非言語的情報も含めて，言語的なやりとりによって情報収集する方法である。面接を実施する目的により，注目すべき箇所は異なるが，パーソナリティを把握する際には，語られる内容だけでなく，同時に伝わってくる思いや感情，また話している最中の様子やしぐさといった行動にも目を向けながら，それらを全体的に考えていくことが求められる。

　面接法の長所は，直接対面して話を聴くことができるため，得られる情報は幅広く，また，不足があった際には，項目を追加し，さらなる情報を尋ねることができる点にある。回答に不明な点があった際にも，面接内で確認することが可能である。一方，短所としては，言語的なやりとりが困難な対象者の際には，十分な情報が得られないことがある。また，時間がかかり，一度に多数のデータを収集することは難しい。面接場面は面接者と被面接者の相互作用で成り立つため，データ分析の際に，面接者の主観が入りやすくなる点に十分注意が必要である。

10.2.1　臨床的面接法と調査的面接法

　面接法は主に，臨床実践の相談場面における**臨床的面接法**（clinical interview method）と，研究や調査の目的に応じたデータ収集のための**調査的面接法**（research interview method）に分類することができる。図に示すように，臨床的面接法は診断面接と治療面接に，調査的面接法は構造化面接，半構造化面接，非構造化面接に分類される。（**図 10.1**）

　臨床的面接法は，いわゆるカウンセリングや心理療法における面接のことであり，クライエント（相談者）が抱えている問題を緩和するために行われる。面接を通して，どうしてその問題が生じているのか，どう支援すると改善されるのか，面接者とクライエントがともに考えていく。その人の普段の考え

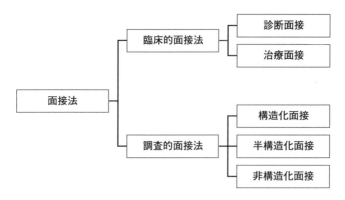

図 10.1　**面接法の種類**（保坂，2000 を参考に作成）

方，気持ちや感情，行動パターン等のパーソナリティ傾向が，問題の持続に関連していることが多いため，現在抱えている問題を話し合おうとすると，必然的にパーソナリティ傾向を丁寧に把握することになる。

　診断面接は，クライエントの問題やその発生プロセス，もともとのパーソナリティ傾向によって生じる考え方や行動の傾向，現在の心身状態等について見立て，支援方針を考える面接のことである。臨床心理学領域では，診断面接は，アセスメント面接（査定面接）と呼ばれることが一般的である。**治療面接**は，診断面接で明らかになった情報を基に，面接者と被面接者で目標を設定し，実際の心理的介入を継続して行う面接のことをいう。

　調査的面接法は，調査の目的に応じた質問項目を事前に設定し，適切に情報収集するための面接のことである。その構造化の程度から，構造化面接，半構造化面接，非構造化面接（自由面接）に分類される。事前に設定した目的に応じて質問をするため，例えば，完全主義傾向に関してあらかじめ準備しておいた 10 の面接項目について尋ねるといったように，面接者が知りたいパーソナリティの一側面について検討することが可能である。

　構造化面接（structured interview）は，目的に一致したデータが得られるよう，あらかじめ設定された質問項目や順序にしたがって面接を実施する方法である。面接者によって得られるデータに差が生じないよう，手続きが細かく決められ，一定の情報を収集することを目指す。臨床現場における精神障

害の診断補助として構造化面接が利用されており，SCID（Structured Clinical Interview for DSM）の面接評価基準がある。**半構造化面接**（semi-structured interview）は，構造化面接よりも自由度が高い方法である。質問項目は事前におおまかに設定するものの，実際の面接の流れに応じて，質問内容や順序を調整することが許容される。**非構造化面接**（un-structured interview）はいわゆる自由面接のことである。面接のおおまかな目的のみを設定し，質問項目や順序などを決めることはせず，被面接者の回答に沿って自由に質問していく。

10.3 観 察 法

観察法は，人間や動物の行動を自然な状況や実験的な状況のもとで観察，記録，分析し，行動の質的・量的特徴や行動の法則性を解明する方法である（中澤，1997）。その人らしさは，言語による表出だけでなく，行動，表情，しぐさ等にも現れるものである。例えば，入学や就職など新しい環境の中で，周囲を気にせずに堂々と挙手して発言する人と周囲の様子を見ながら静かにうつむきがちで過ごしている人とでは，その人のパーソナリティ傾向が異なると考えられる。このように行動観察によっても，人の内面を理解することが可能である。

観察法の長所は，面接法や心理検査法と異なり，対象者に負担をかけることなく，自然な様子を観察対象とすることができる点にある。また，言語表出のみに依存することなく，行動や表情などによって，対象者をとらえることができるため，乳幼児や言語的なコミュニケーションが難しい対象者にも用いることができる。一方，短所としては，対象となる行動が生起するまで観察者は待機しなくてはならず，非効率的であること，観察対象となる行動の評価指標が具体的かつ明確でないと，主観的な結果に偏りやすいことが挙げられる。

10.3.1 観察法の分類

観察法は観察対象とする状況により，**自然観察法**（naturalistic observation method）と**実験観察法**（experimental observation method）に分類される（図

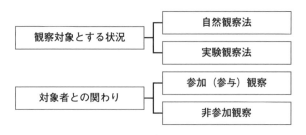

図 10.2　観察法のおおまかな分類

10.2)。自然観察法は，実験的操作のない自然な状況下における対象の様子を観察する方法である。人的な操作がなされていない対象者の自然な様子をありのままにとらえることができるが，対象となる行動が観察時間内に必ず生起するかはわからない点が短所である。実験観察法は，調査目的に応じた実験的な場面設定を行い，対象となる言語反応や行動を観察する方法である。実験場面を操作できるため，対象となる行動を効率的に観察できる可能性があるが，あくまでも非日常的な実験場面での行動であることを十分に考慮しなくてはならない。

　さらに，観察者と観察状況や対象者との関わりによって，**参加観察（参与観察**とも呼ばれる，participant observation）と**非参加観察**（nonparticipant observation）に分類できる（図 10.2）。参加観察は，観察者の存在を対象者が認識していて，観察状況や対象者に関わりながら行う方法である。例えば，幼稚園における子どもの遊びの選択について，観察者が実際に子どもの輪に加わりながら，遊びの移り変わりを観察していく方法は，参加観察である。一方，非参加観察は，ワンウェイミラーやビデオ撮影などで行動を記録することにより，自然な様子を引き出すための方法である。母子のやりとりを観察するため，面接室にビデオを設置し，撮影した映像を基に解析していく方法は，非参加観察である。

10.3.2　観察法のさまざまな方法

　観察法はその方法によって，いくつかの種類に分類することができる。ここ

では代表的な方法として，日誌法，時間見本法，場面見本法，事象見本法を挙げる。日誌法は，偶然的に観察した対象者の様子を記録する偶然的観察法であり，時間見本法，場面見本法，事象見本法は，観察対象となる行動などをあらかじめ定める組織的観察法に分類される。これらの方法では，目的に応じてさまざまな行動を観察対象とすることができ，その行動や態度から，観察者が調べたいパーソナリティ傾向をとらえることが可能である。

　日誌法（diary recording method）は，対象者の日常行動を日誌に記録し，得られた縦断的な情報を基に分析する方法である。対象者の様子を多方面から細かに記録することができる点が長所だが，その記録は客観的事実と主観的記述が混じりやすく，個人を理解する際には有用であるが，得られた情報が一般化できるかは十分な検討が必要である。わが子の日々の成長記録なども日誌法に該当する。時間見本法（time sampling method）は，一定の時間間隔を設定し，その間に生起した対象者の行動を観察する方法である。例えば，子どもの社会性の獲得について，研究対象とする行動を決め，小学校の休み時間30分間の遊びの様子を，1分ごとに観察するといった方法である。場面見本法（situation sampling method）は，観察対象となる行動が生起されやすい場面を選択して観察する方法である。例えば，子どもの授業場面に焦点を当て，時間帯や曜日を変えて，課題に対する取組みや注意集中を観察するなどである。事象見本法（event sampling method）は，対象となる行動が生じる原因やその過程を観察する方法である。事前に対象となる行動を決定しておき，その生起場面や持続時間などを記録する。

10.3.3　臨床的面接における観察

　ここまで，観察法の分類や方法について説明したが，これらに加えて，カウンセリングや心理療法等の心理面接においてもクライエントの観察が重要である。心理面接は，通常は，クライエントが今抱えている問題（主訴）に関して，クライエントとセラピスト間の言語的コミュニケーションによって，自己理解を深め問題を解消することを目的とする。このとき，セラピストは言葉やストーリーの内容だけに耳を傾けているのではなく，語られるストーリーとと

もに，クライエントのしぐさや表情，姿勢や話し方等の視覚的情報も手がかり
とし，その様子をさりげなく観察しながら，心理的交流を行っている。

　例えば，同じ話題であっても，ほほえみを浮かべて話すのか，表情をこわば
らせて話すのかでは，クライエントの感情は異なることが予想できる。また，
姿勢も，クッションを抱えて体を丸めて話すのか，ゆったりと適度な深さで腰
かけて話すのかでは，クライエントの体験は異なる。服装や髪型も，クライエ
ントの好みや社会性を反映するものである。ひどく乱れた不潔な服装は，自分
自身や周囲の状況に非常に無頓着になっている可能性があり，現実適応への疑
問を抱かせる。橘（2005）は，観察のポイントとして，入室の仕方や面接者へ
の対峙の仕方といった面接場面の行動，視線，癖，表情，声の調子，話し方等
の身体行動面，洋服，アクセサリー，化粧などの外観，クライエント特有のし
ぐさや持ち物を挙げている。

　この心理面接における観察について，統合失調症患者の治療を行ってきたア
メリカの精神科医サリヴァン（Sullivan, H. S.）は「**関与しながらの観察**」と
述べている。つまり，セラピストとクライエントの間において，完全に客観的
な立場からの観察というのは成立せず，観察は両者の対人的な関わりの中で影
響し合ってなされることを示している。先に説明した参加観察（参与観察）と
同様の考え方であるが，サリヴァンの言葉は，臨床医として患者と対峙した経
験から生まれたもので，臨床心理面接の根幹を表現している。

10.4　心理検査法

　心理検査（psychological test）は，目的に一致した心理検査を用いて，刺激
に対する回答や反応から，パーソナリティ傾向や考え方，気分や感情，知的水
準など，現在の心理状態を客観的に明らかにする方法である。

　パーソナリティは，通常は大きな変化は生じにくく，ある程度一定した個人
の特徴であるため，心理検査で測定した結果は，受検者の一貫した内面を反映
している。しかし，例えば，大きなライフイベントに直面して，心理的安定が
大きく乱れていると，それが結果に影響を与えることはある。そのため，心理

表 10.1　パーソナリティを測定する心理検査例

質問紙法	東大式エゴグラム，YG 性格検査，ミネソタ多面人格目録（MMPI）モーズレイ性格検査（MPI）など
作業検査法	内田クレペリン精神検査，ベンダーゲシュタルトテスト　など
投映法（描画法含む）	ロールシャッハテスト，絵画統覚検査（TAT），文章完成法テスト（SCT），PF スタディ，バウムテスト，風景構成法　など

　検査の結果は，実施時点での横断的な結果と考えることが一般的である。検査目的に応じて実施されるが，心理面接の適応を検討する場合，診察や心理面接だけでは明らかにできない葛藤や欲求といった深い内的傾向を理解したい場合等に施行されることが多い。検査を実施する際には，可能な範囲で，検査の目的や内容，予測される所要時間などを伝え，受検者の承諾を得ることが必須である。また，できるだけ心身状態が安定しているタイミングで，身体的・心理的負担の少ない中で行うことが望ましい。心理検査場面においても，先に述べた関与しながらの観察が重要になる。

　心理検査には，例えば，知的水準を測定する知能検査などさまざまな種類があるが，性格傾向を把握するためには，**パーソナリティ検査**（personality test）が用いられる。パーソナリティ検査は，質問項目に「はい」「いいえ」「どちらでもない」等の選択肢で回答する**質問紙法**（questionnaire method），一定の条件下で作業を行い，その反応結果からパーソナリティを把握する**作業検査法**（performance method），刺激に対する自由な反応から思考や感情状態，無意識下にある欲望や葛藤を推察する**投映法**（projective method）に大きく分類できる（**表 10.1**）。パーソナリティ検査の各手法について以下に順に示す。

10.4.1　質問紙法

　質問紙法の長所は，実施方法がわかりやすく短時間で施行でき受検者の負担になりにくいこと，検査結果の算出や解釈が比較的たやすいことが挙げられる。その一方で，受検者が正直に回答していることが前提であり，回答を意図的にゆがめられることに注意する必要がある。質問紙法による検査には，以下のものが挙げられる。

1. 東大式エゴグラム（Tokyo University Egogram; TEG）

　アメリカの精神科医バーン（Berne, E.）による交流分析（Transactional Analysis; TA）の理論を基に弟子のデュセイ（Dusay, J. M.）が考案した。質問項目に回答し、心的エネルギーを、批判的な親（Critical Parent; CP）、養育的な親（Nurturing Parent; NP）からなる親の自我状態（P）、成人の自我状態（A）、自由な子ども（Free Child; FC）、順応した子ども（Adapted Child; AC）からなる子どもの自我状態（C）のバランスとしてグラフ化する。短時間で簡単に実施でき、算出されるグラフが一目で把握しやすいため、自己理解においても利用しやすい検査である。

2. YG性格検査（矢田部ギルフォード性格検査；Yatabe-Guilford Personality Inventory）

　アメリカの心理学者ギルフォード（Guilford, J. P.）が作成した性格特性の質問紙を基に、矢田部達郎、辻岡美延、園原太郎が作成した、特性論と類型論の両方が取り入れられている質問紙である。抑うつ性、回帰性傾向、劣等感、神経質、客観性のないこと、協調性のないこと、愛想のないこと、一般的活動性、のんきさ、思考的外向、支配性、社会的外向の12尺度から性格特性を数量的に把握することができ、結果はA型（平均型）、B型（不安定積極型）、C型（安定消極型）、D型（安定積極型）、E型（不安定消極型）の5類型として分類される。性格特性の12尺度、12尺度をいくつかにまとめた因子、特性全体を考慮し算出される類型と、段階的解釈が可能である。

3. MMPI（ミネソタ多面人格目録；Minnesota Multiphasic Personality Inventory）

　米国ミネソタ大学の心理学教授ハサウェイ（Hathaway, S. R.）と精神医学教授マッキンレイ（McKinley, J. C.）によって作成された550項目の質問紙検査である。心気症、抑うつ、ヒステリー、精神病質的偏奇、男性性・女性性、パラノイア、精神衰弱、統合失調、軽躁、社会的内向の10種の臨床尺度だけでなく、疑問、虚偽、頻度、修正の4種の妥当性尺度が設けられている。そのため、意図的な反応歪曲が予測される反応、精神障害の急性期と見なされる反応といった妥当性に注意すべき結果を、得点上から予測することが可能である。

健常者と患者との間に実際に差が認められた質問項目が用いられているため，受検者の現在の心理状態とその深刻さに関して手がかりを得やすい検査である。

10.4.2　作業検査法

作業検査法の長所は，実施が比較的容易で集団実施も可能であること，言語能力を要しないことが挙げられる。その一方で，結果からパーソナリティ傾向を解釈するには訓練が必要であり，とらえられるパーソナリティは限定的である。

1.　内田クレペリン精神検査（Uchida-Kraepelin Performance Test）

ドイツの精神医学者クレペリン（Kraepelin, E.）によって発案され，内田勇三郎が発展させた。横一列に並んだ数字のとなり合う箇所を連続加算する作業を一定時間行い，この作業量によって得られた作業曲線によってパーソナリティ傾向をとらえる。連続加算作業には，「意思緊張」「興奮」「慣れ」「疲労」「練習」といった要素が関わっていると考えられ，開始直後や終了直後の作業量，時間経過に伴う作業量の推移，休憩後の変化，誤答等の分析を行う。作業量の程度やむらを把握し，その傾向からパーソナリティを理解する。

2.　ベンダーゲシュタルトテスト（Bender Gestalt Test）

アメリカの児童精神科医ベンダー（Bender, L.）によって開発された9枚の幾何学図形を1枚の用紙に順に模写する検査である。ゲシュタルト心理学に基づき，刺激を知覚しそれをまとまりある図形として再現する過程に注目している。こうした特徴から，実際の現場では，パーソナリティ傾向の把握には，主に他の心理検査が用いられ，ベンダーゲシュタルトテストによって，器質的な脳障害の有無，図形などの視覚的情報を書字運動により再現する力（視覚―運動ゲシュタルト）等の神経心理学的機能を把握する一検査として使用されることが多い。

10.4.3　投映法

投映法の長所は，あいまいな刺激に自由に反応してもらうため，受検者自身には何が測られているのかわからず，反応を意図的にゆがめることができない

点にある。また，受検者自身も意識できない葛藤や欲求をアセスメントすることが可能である。しかし，検査者や解釈法の違いによって，解釈に差異が生じることがあり，質問紙法に比して客観性がやや低い。

1. ロールシャッハテスト（Rorschach Test）

　スイスの精神科医ロールシャッハ（Rorschach, H.）によって考案されたインクのしみが描かれた 10 枚の図版を刺激に用いる検査法である。図版は，白・黒・灰の無彩色の図版，赤と黒の 2 色からなる図版，複数の色の有彩色の図版があり，1 枚ずつよく見てそれが何に見えるのか自由に回答する。10 枚目の図版まで回答した後，再び最初の図版に戻り，図版のどの部分がどのような特徴によってそのように見えたのか，検査者の質問に応じて詳しく回答する。このような一連の反応から，ものの見方やとらえ方，感情状態，対人傾向，葛藤といった受検者の全体的なパーソナリティ傾向を把握する。子どもから大人まで適用できる。

　結果の整理と解釈の方法には，さまざまな立場があるが，「特定の理論に拘束されず，きわめて自由な理論的展開の可能な人格検査法」（片口，1987，p.12）と考えられている。国内ではクロッパー法から発展した片口法，エクスナー（Exner, J. E.）による包括システムを用いている専門家が多く，現在でも各立場において，解釈法の研究が続けられている。深い解釈を習得するには長年の訓練が必要であるものの「正しく用いさえすれば，ロールシャッハほど個人のユニークさをとらえられるものはほとんどない」（Exner, 2003 中村・野田訳 2009，p.18）といわれる貴重な投映法の一つである。図版が強い刺激となることもあり得るため，実施時の心身状態を十分に考慮し，施行すべき目的と必要性を明確にして実施することが大切である。

2. SCT（Sentence Completion Test；文章完成法テスト）

　「子どもの頃，私は」などの未完成の文章刺激を示し，それに続けて自由に文章を完成させることにより，受検者のパーソナリティ傾向，自己像，他者や社会に対する認知，現在の気分状態，興味や指向などが表現される。受検者自身が，回答を考え文章化し，一つひとつ記入していくため，ロールシャッハテストのような無意識領域に焦点づけた検査ではないが，幅広い情報を得ること

が可能であり，自己理解の手がかりにもなり得る。研究者によりいくつかの方法があるが，国内では精研式 SCT が一般的に用いられ，知的側面，情意的側面，指向的側面，力動的側面，身体的要因，家族的要因，社会的要因に基づいて解釈される。

3. PF スタディ（Picture Frustration Study）

　アメリカの心理学者ローゼンツァイク（Rosenzweig, S.）によって考案された欲求不満場面に対する反応から受検者の主張性をとらえる検査で，正式名称は「欲求不満反応を査定するための絵画―連想研究（The Picture-Association Study for Assessing Reaction to Frustration）」である。吹き出しを備えた漫画風のイラストによって 24 種の欲求不満場面が描かれ，左側の人のセリフに対して右側の人がどんな風に答えるかを考え，吹き出し内に記入してもらう。結果は一定の基準にしたがって記号化され，欲求不満の原因をどこに方向づけるのか，どんな反応をしやすいのかについて，数値を基に考察していく。臨床現場では，上記のような目的に沿った使用とともに，応用的な使用法として，自閉症スペクトラム障害の特徴に注目し，漫画風の場面に対する理解や反応をとらえるために用いられることがある。

10.4.4　描 画 法

　描画法は，投映法の一つとして位置づけられるが，絵を描くという行為自体が治療的な要素を持ち，幼少期の意識や遊びの感覚も呼び起こすものである。描画法の長所は特別な道具を要さずに，比較的抵抗なく楽しんで実施できること，言語的コミュニケーションに依存しないことが挙げられる。しかし，実施が容易な一方で，解釈には訓練を要する。

1. バウムテスト（独 Baumtest，英 Tree Test）

　スイスの職業カウンセラーであるユッカー（Jucker, E.）によって着想され，心理学者コッホ（Koch, K.）によって発展した木の絵を描く検査である。描かれた木には，自己像やパーソナリティが反映されていると仮定される。A4 判画用紙と鉛筆を準備し，絵の上手下手を見る検査ではないこと，自由に描いてほしいことを伝える。研究者によって教示にわずかな違いがあるが，コッホの

原法では「実のなる木をできるだけ上手に描いてください」とする。一方，高橋 (2011) は，実の教示がない中で，自発的に実を描くことがクライエントのパーソナリティ理解に重要であると考え，「木を 1 本描いてください」と教示する。木の全体的印象，筆圧，描かれた位置，木の部分の描き方等を丁寧に考察し，精神エネルギー，気分状態，環境との関わり方，欲求や葛藤等をとらえていく。実施が手軽で，木の様子から臨床像が直感的につかみやすいため，臨床現場で広く用いられやすい。

2. 風景構成法 (The Landscape Montage Technique; LMT)

　精神科医の中井久夫が考案した。そもそもは，統合失調症患者に箱庭療法が適用可能かどうかの手がかりとなる描画法として開発されたが，現在ではその有用性から，さまざまな対象者に用いられている。A4 判画用紙，黒のサインペン，クレヨン (24 色程度) を準備し，クライエントの目の前で，検査者が画用紙のふちにサインペンで枠を描く。「今から言うものを一つひとつ順に描き，一つの風景として仕上げてください」と言ってサインペンを渡し，「川」「山」「田」「道」「家」「木」「人」「花」「動物」「石」と 10 のアイテムを順に伝えていく。最後に描き加えたいものを自由に描いてもらい，クレヨンで彩色し完成とする。アイテムを構成していく過程から，知覚的なゆがみだけでなく，クライエントが普段の生活で環境や人々とどう関わっているのかを推測することができ，また，色の表現からも現在の心理状態をうかがい知ることができる。

3. 星と波テスト (英 The Star-Wave-Test; SWT，独 Der Sterne-Wellen Test)

　1973 年にドイツの心理学者アヴェ＝ラルマン (Avé-Lallemant, U.) によって考案された「鉛筆で，海の波の上に星空を描いてください」と教示する描画法である。A5 判の用紙に黒い長方形の枠が描かれたテスト用紙を用いる (図 10.3)。「星空は思考・知性の投映であり，海の波は感情・情緒の投映である」(杉浦・金丸，2012，p.21) とされ，波の動きや線の連続性，星の描き方，海の領域と空の領域とのバランスなどから，現在の心理状態をとらえていく。また，子どもの心理的発達をとらえる指標 (Yalon, 2006 杉浦他訳 2015) として，幼児の発達状態のアセスメントに関する研究も深められている。

図 10.3　星と波テストの描画例

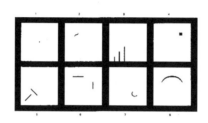

図 10.4　ワルテッグ描画テストのテスト用紙

4. ワルテッグ描画テスト（独 Wartegg-zeichentest; WZT，英 Wartegg Drawing Completion Test）

　全体性心理学の影響を受けながら，ドイツの心理学者ワルテッグ（Wartegg, E.）によって考案された。4 センチ四方の 8 つの黒枠で区切られた四角の中に刺激図形が描かれている用紙を示し，「鉛筆で 8 つの枠すべてに何か描いてください」と教示する（図 10.4）。アヴェ゠ラルマンは，8 つの刺激図形は特定のテーマを持つとし，第 1 枠・8 枠から安心感を，第 2 枠・7 枠から感情や感受性を，第 3 枠・5 枠から達成・緊張を，第 4・6 枠から問題・統合を考察できることを示している。

10.4.5　テストバッテリーと検査の選択

　以上で説明した通り，さまざまな種類の検査が存在するが，パーソナリティを理解するためには，検査者がもっとも妥当であると思われるいくつかの検査を組み合わせて実施することが一般的である。これをテストバッテリー（検査バッテリー）と呼ぶ。目的に合わせた検査内容だけでなく，検査で明らかにな

る意識水準も目安となる。質問紙検査は，質問項目から自身の回答がどんな結果を導くかおよそ予測することができるため，自分でも意識可能な側面を測定しているが，投映法では何が測定されているのかわかりづらく，無意識的側面も含めて測定することとなる。例えば，質問紙法である東大式エゴグラム，描画法であるバウムテスト，投映法であるロールシャッハテストと，異なる特徴を持つ検査を行って，意識的側面から無意識的側面という異なる意識水準に基づいてパーソナリティをとらえる。できるだけ少ない負担で理解が深まるよう，検査者は検査の選択から工夫する必要がある。

10.5　パーソナリティの研究法

　直接観察することができないパーソナリティを研究対象とするには，先に説明した面接法，観察法，心理検査法を用いて測定することとなる。その際，**法則定立的**（nomothetic）な視点，**個性記述的**（idiographic）な視点の両方が求められる。法則定立的とは，客観性や普遍性を重んじた科学的なデータの収集を目的とする考え方である。適切なデータを基に正確な検討を行うためには重視されるべきであるが，一方で，統制された実験的場面だけではとらえきれない情報がある。そこで，個人や少人数を対象に，自然な場面での行動や発言を記録し分析する個性記述的研究が必要となる。事例研究（case study）は，個性記述的な研究法の一つである。パーソナリティの研究には，客観性を保ち量的な理解を目指す法則定立的な視点とともに，個人の特徴や差異をとらえる個性記述的な視点が必要である。

10.5.1　質問紙法の妥当性と信頼性

　質問紙法は実施が簡単なうえに客観的な結果が得られるが，適切な質問項目であることを確認するために，心理尺度が対象とするパーソナリティを正確にとらえられているのか，繰返し調査しても同様の結果が得られるのか，事前に十分に検討しなくてはならない。これを心理尺度の妥当性と信頼性という。その分類と基準について，以下に紹介する。

　妥当性（validity）は，測定したい対象を正確に測定できているかどうかを示す指標である。妥当性には古典的分類として，内容的妥当性，基準関連妥当性，構成概念妥当性がある。**内容的妥当性**（content validity）は，その尺度が，測定しようとしている内容を偏りなく反映しているかどうかを示す基準である。**基準関連妥当性**（criterion-related validity）は，測定しようとしている特性を持つ別の尺度を外的基準とし，その外的基準との相関が得られることによって，尺度の妥当性を測る基準である。**構成概念妥当性**（construct validity）は，その尺度と，理論的に関連していると予測される別の構成概念との相関などを調べることにより，尺度の妥当性を測る基準である。このような古典的分類があるものの，現在では，妥当性を一つの概念としてとらえることを支持する考えが示されている（平井，2006）。

　信頼性（reliability）とは，同一の条件下で繰返しテストを実施した際に，一貫した同様の結果が得られるかどうかを示す指標である。信頼性には，同一の回答者が繰返し回答した際に同じ結果が得られるかを示す安定性，同じ概念を測定する尺度間の関連を示す等価性，質問項目の一つひとつが同一の概念を測定する方向を向いているかを示す内的整合性の3つの評価軸がある。代表的な信頼性の測定には，再検査法（test-retest method），クロンバック（Cronbach）の α 係数がある。**再検査法**は，同じ尺度を同じ対象者に短期間で2度繰返し実施し，その相関を算出することで尺度の安定性を確認する方法である。**クロンバックの α 係数**は，尺度内の内的整合性を推定する方法で，α 係数の数値が 0.80 程度以上が望ましいとされている。

10.5.2　実際の研究

　パーソナリティに関する研究は，面接法，観察法，各種の心理検査法を用いて，さまざまな観点から行われるが，どんな方法を選択しても，研究参加者に不利益や苦痛が生じることのないよう研究倫理を遵守し，同意を得なくてはならない。また，参加者は，研究の目的や内容について研究者から十分な説明を受けたうえで，自分の意思で研究への参加・不参加・中止を決定する権利を有している。研究時に得られた個人情報を許可なく外部に漏洩することは禁止さ

れており，論文などでの発表時にも，個人が特定されないよう配慮する必要がある。以下に，各方法を用いた実際の研究を紹介する。

1. 面接法・観察法による研究

　臨床的面接に関する研究では，特定のクライエントとの心理療法の過程を振り返る事例論文が中心であり，面接内でのやりとりや観察，それに対する研究者の考察や解釈が示される。岸本（2019）では，20 代の強迫症状を持つ広汎性発達障害の男性との 44 回の面接過程を提示し，強迫的なこだわり行動は，クライエントにとっては自他の理解を育む基盤として肯定的にとらえられることを見出している。一方，調査的面接では，構造化面接等によって調査参加者に直接質問し，そこから得られた情報を一定の基準に基づいて整理していく。例えば，黒沢（2016）では，中学校の学級運営について，教員 14 名に対して半構造化面接を行い，問題が生じていたクラスが安心安全なクラスへと変化するプロセスを検討し，生徒たちが問題解決の主体となれるような関わりが大切であることを示している。

　観察法では，研究目的に合わせて，観察場面を自然場面または実験場面とするか，観察者が観察場面に参加するか否かを選択する。自然観察場面における参加観察法の研究例として，畠山と山崎（2003）では，幼児期の攻撃・拒否的行動がいじめの要素を持つかどうかについて，幼稚園年長児 34 名を対象に 1 年間の観察を行っている。その結果，幼児期にもいじめとしての性質を持つ行動が観察されることが明らかになっている。

2. 質問紙法による研究

　集団に対してパーソナリティに関する質問紙調査を行い，得られたデータを統計的に処理し，結果を導き出す研究は数多く行われている。吉岡（2001）は，東大式エゴグラムを 60 〜 70 代の高齢者 231 名に実施し，高齢者の心理的特徴を抽出している。高齢者のエゴグラムプロフィールの傾向や他の質問紙による回答結果から，介護を受けることが自己否定につながっている可能性を指摘し，高齢者の自尊心を大切にしたケアの重要性を説明している。他にも，佐藤（2002）では，70 人の大学生に YG 性格検査を実施し，コラージュ制作者の性格特性とコラージュ作品の特徴を検討している。YG 性格検査により抽出され

た性格類型の違いにおいては有意な結果は示されなかったが，下位概念である性格因子において，コラージュ制作において貼りつけたアイテム数との間に関連があることが示された。

3. 投映法による研究

　投映法を用いた代表的な研究方法には，個人を対象とした事例研究，集団を対象にした調査研究が挙げられる。ロールシャッハテストを用いた事例研究では，例えば松井（2018）は，高校卒業後に違法薬物を継続的に使用してきた30代男性のロールシャッハテストの反応特徴を1事例から検討している。一方，複数事例を対象にした研究では，池島ら（2014）では，広汎性発達障害と診断を受けた17名の参加者を対象にPFスタディを実施し，その反応特徴から，言語能力の高さに関わらず評定できない反応の出現数が多いことを示している。

　さらに，投映法の一つである描画法を用いた研究では，臨床的面接において描画法が効果的に用いられた事例が示されている。飯田（2003）では，学生相談に訪れた大学生のクライエントにバウムテスト，ワルテッグ描画テスト，星と波テストを面接経過に伴って2度実施し，言語表現だけでなく描画表現からも心理的変化が示されることを指摘している。

　最後に，描画法を集団に実施した調査研究として，筆者らが行ったバウムテストを用いた研究（滑川・横田，2017）を紹介する。筆者らは，描画の臨床的解釈に役立てることを目的に，描画の特徴から気分状態やパーソナリティ傾向をとらえる研究を重ねている。この調査では，うつの症状を，自己に対する否定的な見方に関する認知的要素，身体的な不調や情緒の不安定さに関する身体的感情的要素の2要素に分類し，それらとバウムテストの木のサイズとの間に関連があるかどうか，31名の大学生を対象に，抑うつの質問紙とバウムテストを実施した。重回帰分析による統計解析を実施した結果，身体的感情的要素においては有意な結果が認められなかったものの，認知的要素においては，その得点が高いほど木の高さが低く，樹冠の幅が狭くなることが示された。つまり，木の大きさと抑うつの程度が関連し，特に，抑うつに特徴的である自己に対する否定的な見方である認知的要素の強さが描画にも反映されやすい可能性が示唆された。

　以上のように，調査研究によって客観的な量的データを抽出し，普遍的な結果を得ることができると同時に，事例研究で個人の内的特徴を深く考察することにより，臨床事例への応用可能性が得られる。このようにパーソナリティに関する研究が，法則定立的，個性記述的の両面から展開されることでパーソナリティへの理解が促進される。

コラム 10.1　投映法の面白さ

　ロールシャッハテストやバウムテストに代表される投映法は，適切な手順で実施することができるようになっても，その解釈法を身につけるには長年の訓練が必要とされる。個人の多様なパーソナリティを簡単に理解できるわけがないのは当然であるが，このように言われると，効率化や即時性が求められる現代社会にそぐわない方法のように思えて，学ぶ意欲すら失ってしまうかもしれない。しかし，スコアリングの数値，描かれた絵だけに目を向けるのではなく，反応のプロセス，絵に対する想いや連想までを大切に扱い，その人の特徴を少しでもとらえようと真剣に向き合う作業そのものに，投映法の面白さがある。近年では，クライエントの抱えている問題と検査結果とを照らし合わせて，クライエントと検査者がともに話し合い，より具体的な改善や変化を目指す心理検査の効果的な利用である治療的アセスメント（Finn, 2007 野田・中村訳 2014）も提唱されている。

●練習問題

1. パーソナリティを測定するための，3つの基本的な方法を挙げてみよう。
2. 観察法にはどんな分類があり，臨床面接ではどのような観察の仕方が重視されているか考えてみよう。
3. 心理検査法のパーソナリティ検査にはどのような方法があるか考えてみよう。

●参考図書

成田 義弘（2014）. 新版 精神療法家の仕事——面接と面接者——　金剛出版

　精神療法（心理療法）としての面接が，どんなふうに行われているのか，面接者はどんなことに注意を払っているのかについて学ぶことができる。専門的ではあるが，非常に読みやすいため，心理療法の実際を知りたい学生におすすめである。

沼 初枝（2009）. 臨床心理アセスメントの基礎　ナカニシヤ出版

　パーソナリティをアセスメントする際の方法，特にさまざまな心理検査について詳しく記されている。心理アセスメントの全体像をつかむことができ，初心者にもわかりやすい内容である。

杉浦 京子・香月 奈々子・鋤柄 のぞみ（2005）. 投映描画法ガイドブック　山王出版

　投映法の中でも描画法の歴史やさまざまな方法について詳しく知ることができる。数多くの描画法について学びを深め，自分で実際に体験してみたい学生におすすめである。

引 用 文 献

第 1 章

Allport, G. W.（1927）. Concepts of trait and personality. *Psychological Bulletin, 24*（5）, 284 -293.

Allport, G. W.（1937）. *Personality: A psychological interpretation.* Henry Holt and Company.
（オールポート，G. W. 詫摩 武俊・青木 孝悦・近藤 由紀子・堀 正（訳）（1982）. パーソナリティ——心理学的解釈—— 新曜社）

Allport, G. W.（1961）. *Pattern and growth in personality.* N.Y.: Holt, Rinehart, and Winston.
（オールポート，G. W. 今田 恵（監訳）（1968）. 人格心理学（上・下） 誠信書房）

Freud, S.（1923）. *Das Ich und das Es.*
（フロイト，S. 井村 恒郎（訳）（1970）. 自我とエス フロイト，S. 井村 恒郎（訳）自我論 改訂版フロイト選集 第4巻（pp.239-302） 日本教文社）

星野 命（1982）. ゴードン・オールポート——生涯と仕事—— 星野 命・青木 孝悦・宮本 美沙子・青木 邦子・野村 昭 古典入門オルポート パーソナリティの心理学 有斐閣

伊坂 裕子（2012）. ステレオタイプ的信念の対人関係促進機能——血液型ステレオタイプによる検討—— 桜文論叢, *82*, 207-226.

Jung, C. G.（1921）. *Psychologische Typen.*
（ユング，C. G. 高橋 義孝（訳）（1970）. 人間のタイプ ユング著作集1 改装版 日本教文社）

Kretschmer, E.（1955: 1st ed.1921）. *Körperbau und Character: Untersuchungen zum Konstitutionsproblem und zur Lehre von den Temperamenten.* Berlin: Springer-Verlag.
（クレッチメル，E. 相場 均（訳）（1960）. 体格と性格——体質の問題および気質の学説によせる研究—— 文光堂）

Mischel, W.（1968）. *Personality and assessment.* New York: Wiley.
（ミッシェル，W. 詫摩 武俊（監訳）（1992）. パーソナリティの理論——状況主義的アプローチ—— 誠信書房）

Mischel, W., & Shoda, Y.（1995）. A cognitive-affective system theory of personality: Reconceptualizing situations, dispositions, dynamics, and invariance in personality structure. *Psychological Review, 102*（2）, 246-268.

大村 政男（1990）. 血液型と性格 福村出版

サトウタツヤ（2003）. 心理学史の見方——知能検査の本質と変質—— サトウタツヤ・高砂 美樹 流れを読む心理学史——世界と日本の心理学—— 有斐閣

Schultz, D.（1981）. *A history of modern psychology*（3rd ed.）. Academic Press.
（シュルツ，D. 村田 孝次（訳）（1986）. 現代心理学の歴史 培風館）

テオプラストス 森 進一（訳）（1982）. 人さまざま 岩波書店

浮谷 秀一（2013）. パーソナリティ研究の背景 二宮 克美・浮谷 秀一・堀毛 一也・安藤 寿康・藤田 主一・小塩 真司・渡邊 芳之（編） パーソナリティ心理学ハンドブック 福村出版

若林 明雄（2009）. パーソナリティとは何か——その概念と理論—— 培風館

渡邊 芳之（2010）. 性格とはなんだったのか——心理学と日常概念—— 新曜社

渡邊 芳之（2018）. パーソナリティ研究の現状と動向 教育心理学年報, *57*, 79-97.

渡邊 芳之・佐藤 達哉（1993）．パーソナリティの一貫性をめぐる「視点」と「時間」の問題
　　心理学評論, *36*, 226-243.

第 2 章

Eysenck, H. J. (1967). *The biological basis of personality*. Charles C. Publisher.
　　（アイゼンク, H. J. 梅津 耕作・祐宗 省三他（訳）（1973）．人格の構造　岩崎学術出版
　　社）

Galton, F. (1884). Measurement of character. *Fortnightly Review, 36*, 179-185.

福屋 武人・鍋田 恭孝（1986）．クレッチマーの思想——こころとからだの全体理論——　有
　　斐閣

ヒポクラテス　小川 政恭（訳）（1963）．古い医術について——他八篇——　岩波書店

伊坂 裕子（2013）．類型論と特性論　二宮 克美・浮谷 秀一・堀毛 一也・安藤 寿康・藤田 主
　　一・小塩 真司・渡邊 芳之（編）　パーソナリティ心理学ハンドブック（pp.43-49）　福村
　　出版

伊坂 裕子（2014）．類型論的アプローチ　厳島 行雄・横田 正夫（編）心理学概説——心理学
　　のエッセンスを学ぶ——（pp.139-149）啓明出版

岩井 圭司（2011）．病前性格　加藤 敏・神庭 重信・中谷 陽二・武田 雅俊・鹿島 晴雄・狩野
　　力八郎・市川 宏伸（編）現代精神医学事典（pp.890-891）　弘文堂

Jung, C. G. (1921, 1960, 1967). *Psychologische Typen*.
　　（ユング, C. G. 林 道義（訳）（1987）．タイプ論　みすず書房）

Jung, C. G. (1963). *Memories, dreams, reflections*. N.Y.: Pantheon Books.
　　（ユング, C. G. 河合 隼雄・藤縄 昭・出井 淑子（訳）（1972）．ユング自伝 1——思い
　　出・夢・思想——　みすず書房）

Kant, I. (1798). *Anthropologie in pramgatischer Hinsicht*.
　　（カント, I. 渋谷 治美・高橋 克也（訳）（2003）．カント全集 15　人間学　岩波書店）

河合 隼雄（1967）．ユング心理学入門　培風館

河合 隼雄（1978）．ユングの生涯　第三文明社

Kretschmer, E. (1955: 1st ed. 1921). *Korperbau und Character: Untersuchungen zum
　　Konstitutionsproblem und zur Lehre von den Temperamenten*. Berlin: Springer-Verlag.
　　（クレッチメル, E. 相場 均（訳）（1960）．体格と性格——体質の問題および気質の学
　　説によせる研究——　文光堂）

Kretschmer, E. (1972). *Gestalten und Gedanken*. Georg Thieme Verlag.
　　（クレッチマー, E. 福屋 武人・深見 茂（訳）（1975）．形成と思考——ある精神医学者
　　が歩んだ道——　醫事公論社）

村上 宣寛（2011）．性格のパワー——世界最先端の心理学研究でここまで解明された——
　　日経 BP 社

Nettle, D. (2007). *Personality: What makes you the way you are*. N.Y.: Oxford University Press.
　　（ネトル, D. 竹内 和世（訳）（2009）．パーソナリティを科学する——特性 5 因子であ
　　なたがわかる——　白揚社）

岡田 謙（2004）．クレッチマー　氏原 寛・亀口 憲治・成田 善弘・東山 紘久・山中 康裕（編）
　　心理臨床大事典　改訂版（pp.1380-1381）　培風館

大山 泰宏（2015）．改訂新版 人格心理学　放送大学教育振興会

小塩 真司（2010）．はじめて学ぶパーソナリティ心理学——個性をめぐる冒険——　ミネル

ヴァ書房

関根 剛（2004）．性格（ユングのタイプ論）　氏原 寛・亀口 憲治・成田 善弘・東山 紘久・山中 康裕（編）心理臨床大事典　改訂版（pp.171-174）　培風館

Sheldon, W. H., Stevens, S. S., & Tucker, W. B.（1940）. *The varieties of human physique: An introduction to constitutional psychology.* N.Y.: Harper.

杉山 憲司・松田 英子（2016）．パーソナリティ心理学――自己の探究と人間性の理解――　培風館

高橋 依子・津川 律子（2015）．臨床心理検査バッテリーの実際　遠見書房

テオプラストス　森 進一（訳）（1982）．人さまざま　岩波書店

若林 明雄（1998）．類型論　詫摩 武俊（監修）性格心理学ハンドブック（pp.58-65）　福村出版

Walker, R. N.（1978）. W. H. Sheldon. *Bulletin of the Royal College of Psychiatrists, 2*（6）, 104-105.

第3章

Allport, G. W.（1937）. *Personality: A psychological interpretation.* Henry Holt and Company.
　（オールポート，G. W. 詫摩 武俊・青木 孝悦・近藤 由紀子・堀 正（訳）（1982）．パーソナリティ――心理学的解釈――　新曜社）

Allport, G. W., & Odbert, H. S.（1936）. *Trait-names: A psycho-lexical study.* Psychological monographs.

Burr, V.（1995）. *An introduction to social constructionism.* London: Routledge.
　（バー，V. 田中 一彦（訳）（1997）．社会的構築主義への招待――言説分析とは何か――　川島書店）

Cattell, R. B.（1965）. *The scientific analysis of personality.* London: Penguin Books.
　（キャッテル，R. B. 斎藤 耕二・安塚 俊行・米田 弘枝（訳）（1975）．パーソナリティの心理学――パーソナリティの理論と科学的研究――　改訳版　金子書房）

Digman, J. M., & Takemoto-Chock, N. K.（1981）. Factors in the natural language of personality: Re-analysis, comparison, and interpretation of six major studies. *Multivariate Behavioral Research, 16*, 149-170.

Eysenck, H. J.（1985）. *The decline and fall of the Freudian empire.* London: Curits Brown.
　（アイゼンク，H. J. 宮内 勝・中野 明徳・藤山 直樹・小澤 道雄・中込 和幸・金生 由紀子・岩波 明（訳）（1988）．精神分析に別れを告げよう――フロイト帝国の衰退と没落――　批判社）

Gergen, K. J.（1999）. *An invitation to social construction.* London: SAGE Publications.
　（ガーゲン，K. J. 東村 知子（訳）（2004）．あなたへの社会構成主義　ナカニシヤ出版）

Gerlach, M., Farb, B., Revelle, W., & Amaral, L. A. N.（2018）. A robust data-driven approach identifies four personality types across four large data sets. *Nature Human Behaviour, 2*, 735-742.

Hermans, H. J. M., & Kempen, H. J. G.（1993）. *The dialogical self: Meaning as movement.* CA: Elsevier.
　（ハーマンス，H. J. M.・ケンペン，H. J. G. 溝上 慎一・水間 玲子・森岡 正芳（訳）（2006）．対話的自己――デカルト／ジェームズ／ミードを超えて――　新曜社）

岩熊 史朗（2007）．パーソナリティと同一性　文化情報学：駿河台大学文化情報学部紀要，

14, 1-15.

John, O. P., Angleitner, A., & Ostendorf, F. (1988). The lexical approach to personality: A historical review of trait taxonomic research. *European Journal of Personality, 2*, 171-203.

松尾 太加志・中村 知靖 (2002). 誰も教えてくれなかった因子分析——数式が絶対に出てこない因子分析入門—— 北大路書房

McAdams, D. P. (1992). The five-factor model in personality: A critical appraisal. *Journal of Personality, 60*, 329-361.

Mischel, W. (1968). *Personality and assessment.* NJ: John Wiley & Sons.
　　（ミッシェル，W. 詫摩 武俊（監訳）(1992). パーソナリティの理論——状況主義的アプローチ—— 誠信書房）

Mischel, W. (2014). *The marshmallow test: Mastering self-control.* N.Y.: Brockman.
　　（ミシェル，W. 柴田 裕之（訳）(2015). マシュマロ・テスト——成功する子・しない子—— 早川書房）

村上 宣寛 (2005).「心理テスト」はウソでした。——受けたみんなが馬鹿を見た—— 日経BP社

村上 宣寛・村上 千恵子 (2001). 主要5因子性格検査ハンドブック——性格測定の基礎から主要5因子の世界へ—— 学芸図書

Norman, W. T. (1967). *2800 Personality trait descriptors: Normative operating characteristics for a university population.* University of Michigan, Department of Psychology.

岡田 和久 (2016).「パーソナリティ」という考えかたを考える 宮本 聡介・伊藤 拓（編著）高校生に知ってほしい心理学——どう役立つ？どう活かせる？——（pp.65-72） 学文社

下仲 順子・中里 克治・権藤 恭之・高山 緑 (1999). 日本版 NEO-PI-R, NEO-FFI 使用マニュアル 東京心理

續 有恒・織田 揮準・鈴木 真雄 (1970). 質問型式による性格診断の方法論的吟味——YG性格検査の場合—— 教育心理学研究, *18*, 33-47.

若林 明雄 (1993). パーソナリティ研究における"人間—状況論争"の動向 心理学研究, *64*, 296-312.

第4章

馬場 謙一 (1977). フロイトの生涯と思想 小此木 啓吾・馬場 謙一（編）フロイト精神分析入門 (pp.1-36) 有斐閣

Baker, R. (1952). *Sigmund Freud, for everybody.* Popular Library Edition.
　　（ベイカー，R. 宮城 音弥（訳）(1975). フロイト——その思想と生涯—— 講談社）

Brenner, C. (1973). *An elementary textbook of psychoanalysis.* International Universities Press.
　　（ブレナー，C. 山根 常男（訳）(1980). 精神分析の理論 誠信書房）

Breuer, J., & Freud, S. (1895). *Studien über Hysterie.*
　　（ブロイヤー，J.・フロイト，S. 金関 猛（訳）(2004). ヒステリー研究（上・下） 筑摩書房）

深津 千賀子 (1977). 神経症論——神経症の原因—発達と退行—— 小此木 啓吾・馬場 謙一（編）フロイト精神分析入門 (pp.110-119) 有斐閣

Freud, A. (1936). *Das Ich und Abwehrmechanismen.* International Psychoanalytischer Verlag.
　　（フロイト，A. 外林 大作（訳）(1958). 自我と防衛 誠信書房）

Freud, S. (1915). *Das Unbewußte.*

（フロイト，S. 井村 恒郎（訳）（1970）．無意識について　フロイト，S. 井村 恒郎（訳）自我論　改訂版フロイト選集　第 4 巻（pp.190-238）　日本教文社）

Freud, S.（1923）. *Das Ich und das Es.*
　　（フロイト，S. 井村 恒郎（訳）（1970）．自我とエス　フロイト，S. 井村 恒郎（訳）自我論　改訂版フロイト選集　第 4 巻（pp.239-302）　日本教文社）

藤山 直樹（2008）．集中講義・精神分析（上）――精神分析とは何か フロイトの仕事――　岩崎学術出版社

井村 恒郎（1970）．用語解説　フロイト，S. 井村 恒郎（訳）自我論　改訂版フロイト選集　第 4 巻（pp.315-335）　日本教文社

前田 重治（1985）．図説 臨床精神分析学　誠信書房

前田 重治（1994）．続 図説 臨床精神分析学　誠信書房

Milton, J., Polmear, C., & Fabricius, J.（2004）. *A short introduction to psychoanalysis.* London: SAGE.
　　（ミルトン，J.・ポルマー，C.・ファブリシアス，J. 松木 邦裕（監訳）（2006）．精神分析入門講座――英国学派を中心に―― 岩崎学術出版社）

日本精神分析協会　精神分析とはどのようなものでしょうか　Retrieved from http://www.jpas.jp/whatis.html（2019 年 8 月 13 日）

小此木 啓吾（1977）．精神分析理論の展開　小此木 啓吾・馬場 謙一（編）フロイト精神分析入門　（pp.165-221）　有斐閣

小此木 啓吾（編集代表）（2002）．精神分析事典　岩崎学術出版社

鈴木 智美（2018）．無意識の発見　古賀 靖彦（編者代表）精神分析の基礎　現代精神分析基礎講座第 1 巻（pp.89-106）　金剛出版

吉田 直子（1977）．神経症論――抑圧と抵抗―― 小此木 啓吾・馬場 謙一（編）フロイト精神分析入門（pp.90-99）　有斐閣

第 5 章

新井 邦二郎（1997）．図でわかる発達心理学　福村出版

Erikson, E. H.（1951）. *Childhood and society.* N.Y.: Norton.
　　（エリクソン，E. H. 仁科 弥生（訳）（1977）．幼児期と社会（1，2）　みすず書房）

Erikson, E. H.（1959）. *Identity and the life cycle.* N.Y.: International University Press.
　　（エリクソン，E. H. 小此木 啓吾・小川 捷之・岩男 寿美子（訳）（1973）．自我同一性――アイデンティティとライフサイクル―― 誠信書房）

Erikson, E. H.（1959）. *Identity and the life cycle.* N.Y.: International University Press.
　　（エリクソン，E. H. 西平 直・中島 由恵（訳）（2011）．アイデンティティとライフサイクル　誠信書房）

Erikson, E. H., & Erikson, J. M.（1982）. *The life cycle completed: A review.* N.Y.: Norton.
　　（エリクソン，E. H. 村瀬 孝雄・近藤 邦夫（訳）（1989）．ライフサイクル，その完結　みすず書房）

Harlow, H. F., & Mears, C.（1979）. *The human model: Primate perspectives.* N.Y.: John Wiley & Sons.
　　（ハーロー，H. F.・メアーズ，C. 梶田 正巳・酒井 亮爾・中野 靖彦（訳）（1985）．ヒューマン・モデル――サルの学習と愛情―― 黎明書房）

文部科学省（1947）．学校教育法　Retrieved from http://www.mext.go.jp/b_menu/hakusho/

html/others/detail/1317990.htm（2019 年 8 月）

Newman, B. M., & Newman, P. R.（1984）. *Development through life: A psychological approach*（3rd ed.）. Chicago, IL: Dorsey Press.
　　（ニューマン，B. M.・ニューマン，P. R. 福富 護（訳）（1988）. 新版 生涯発達心理学──エリクソンによる人間の一生とその可能性── 川島書店）

岡堂 哲雄（1985）. 心理学──ヒューマンサイエンス── 金子書房

岡堂 哲雄（1998）. 貢献者の肖像と寄与 至文堂

高木 正孝（1950）. 遺伝と環境 脳研究, *8*, 84-89.

第6章

Erikson, E. H.（1959）. *Identity and the life cycle*. N.Y.: International University Press.
　　（エリクソン，E. H. 小此木 啓吾・小川 捷之・岩男 寿美子（訳）（1973）. 自我同一性──アイデンティティとライフサイクル── 誠信書房）

Erikson, E. H.（1964）. *Insight and responsibility*. N.Y.: W. W. Norton & Company.

廣瀬 清人・菱沼 典子・印東 桂子（2009）. マズローの基本的欲求の階層図への原典からの新解釈 聖路加看護大学紀要, *35*, 28-36.

河本 英夫（2011）. 発達論の難題 発達心理学研究, *22*（4）, 339-348.

Kirschenbaum, H., & Henderson, V. L.（Eds.）（1989）. *The Carl Rogers reader*. N.Y.: Lord Literistic.
　　（カーシェンバウム，H.・ヘンダーソンV. L.（編）伊東 博・村山 正治（監訳）（2001）. ロジャーズ選集──カウンセラーなら一度は読んでおきたい厳選33論文──（上・下）誠信書房）

Maslow, A. H.（1970）. *Motivation and personality*（2nd ed.）. N.Y.: Harper & Row.
　　（マズロー，A. H. 小口 忠彦（訳）（1987）. 改訂新版 人間性の心理学──モチベーションとパーソナリティ── 産業能率大学出版部）

Maslow, A. H.（1971）. *The farther reaches of human nature*. N.Y.: Viking Press.
　　（マズロー，A. H. 上田 吉一（訳）（1973）. 人間性の最高価値 誠信書房）

松井 尚子（2006）. スターンとワロンにみる乳幼児の他者体験と［自己］の形成──日常的なエピソードを通して── 北海道大学大学院教育学研究科紀要, *98*, 237-250.

松岡 利規（2019）.「自己」の感覚はいかにして生ずるか？──自己感をめぐる心理学的研究の概観と展望── 京都大学大学院教育学研究科紀要, *65*, 109-121.

岡田 康伸・藤原 勝紀・山下 一夫・皆藤 章・竹内 健児（2013）. パーソナリティの心理学 有斐閣

Rogers, C. R.（1951）. *A theory of personal and behavior. In client-centered therapy*. Boston: Houghton Mifflin.
　　（ロージャズ，C. R. 友田 不二男（訳）（1967）. パースナリティと行動についての一理論 ロージャズ，C. R. 伊東 博（編訳）パースナリティ理論 ロージャズ全集8（pp.89-162）岩崎学術出版社）

Rotter, J. B., & Hochreich, D. J.（1975）. *Personality*. Scott, Foresman and Company.
　　（ロッター，J. B.・ホックレイク，D. J. 詫摩 武俊・次良丸 睦子・佐山 菫子（訳）（1980）. パーソナリティの心理学 新曜社）

齊藤 勇（編）（1998）. 図説心理学入門 誠信書房

Stern, D. N.（1985）. *The interpersonal world of the infant: A view from psychoanalysis and devel-*

opmental psychology. N.Y.: Basic Books.

　　（スターン，D. N. 小此木 啓吾・丸田 俊彦（監訳）神庭 靖子・神庭 重信（訳）（1989）.
　　乳児の対人世界　理論編　岩崎学術出版社）

　　（スターン，D. N. 小此木 啓吾・丸田 俊彦（監訳）神庭 靖子・神庭 重信（訳）（1989）.
　　乳児の対人世界　臨床編　岩崎学術出版社）

Stern, D. N.（1995）. *The motherhood constellation: A unified view of parent-infant psychotherapy*.
　　N.Y.: Basic Books.

　　（スターン，D. N. 馬場 禮子・青木 紀久代（訳）（1989）. 親-乳幼児心理療法――母性
　　のコンステレーション――　岩崎学術出版社）

筒井 潤子（2018）. 現代社会における子どもの傷つきに関する一考察――理論的考察から臨
　　床的考察へ――　都留文科大学研究紀要，*87*，43-67.

第 7 章

Abramson, L. Y., Seligman, M. E., & Teasdale, J. D.（1978）. Learned helplessness in humans:
　　Critique and reformulation. *Journal of Abnormal Psychology*, *87*（1），49-74.

Bandura, A.（1982）. Self-efficacy mechanism in human agency. *American Psychologist*, *37*（2），
　　122-147.

Bieri, J.（1955）. Cognitive complexity-simplicity and predictive behavior. *The Journal of
　　Abnormal and Social Psychology*, *51*（2），263-268.

堀毛 一也（2009）. 認知・感情・動機とパーソナリティ　榎本 博明・安藤 寿康・堀毛 一也
　　パーソナリティ心理学――人間科学，自然科学，社会科学のクロスロード――（pp.207-
　　232）　有斐閣

堀毛 裕子（1991）. 日本版 Health Locus of Control 尺度の作成　健康心理学研究，*4*，1-7.

次良丸 睦子（2000）. 内的統制型と外的統制型　詫摩 武俊・鈴木 乙史・清水 弘司・松井 豊
　　（編）（2000）. 性格研究の拡がり　ブレーン出版

鎌原 雅彦・樋口 一辰・清水 直治（1982）. Locus of Control 尺度の作成と，信頼性，妥当性
　　の検討　教育心理学研究，*30*，302-307.

Kelly, G. A.（1955）. *The psychology of personal constructs*（Vol.1, 2）. N.Y.: Norton.

Mischel, W.（1968）. *Personality and assessment*. N.Y.: Wiley.

　　（ミッシェル，W. 詫摩 武俊（監訳）（1992）. パーソナリティの理論――状況主義的ア
　　プローチ――　誠信書房）

Mischel, W.（1973）. Toward a cognitive social learning reconceptualization of personality.
　　Psychological Review, *80*（4），252-283.

Mischel, W., & Shoda, Y.（1995）. A cognitive-affective system theory of personality:
　　Reconceptualizing situations, dispositions, dynamics, and invariance in personality
　　structure. *Psychological Review*, *102*（2），246-268.

Mischel, W., Shoda, Y., & Ayduk, O.（2007）. *Introduction to personality: Toward an integrative
　　science of the person*. N.J.: John Wiley & Sons.

　　（ミシェル，W. ・ショウダ，Y. ・アイダック，O. 黒沢 香・原島 雅之（監訳）（2010）.
　　パーソナリティ心理学――全体としての人間理解――　培風館）

Neiser, U.（1967）. *Cognitive psychology*. N.Y.: Appleton.

　　（ナイサー，U. 大羽 蓁（訳）（1981）. 認知心理学　誠信書房）

Rotter, J. B.（1966）. Generalized expectancies for internal versus external control of reinforcement. *Psychological Monographs: General and Applied, 80* (1), 1–28.

Seligman, M. E. P., Kaslow, N. J., Alloy, L. B., Peterson, C., Tanenbaum, R. L., & Abramson, L. Y. (1984). Attributional style and depressive symptoms among children. *Journal of Abnormal Psychology, 93* (2), 235–238.

鈴木 高士（2001）．スキーマ　山本 眞理子・外山 みどり・池上 知子・遠藤 由美・北村 英哉・宮本 聡介（編）社会的認知ハンドブック　北大路書房

若林 明雄（2009）．パーソナリティとは何か――その概念と理論――　培風館

Wallston, B. S., Wallston, K. A., Kaplan, G. D., & Maides, S. A. (1976). Development and validation of the Health Locus of Control（HLC）Scale. *Journal of Consulting and Clinical Psychology, 44* (4), 580–585.

Weiner, B., Heckhausen, H., & Meyer, W-U. (1972). Causal ascriptions and achievement behavior: A conceptual analysis of effort and reanalysis of locus of control. *Journal of Personality and Social Psychology, 21* (2), 239–248.

Witkin, H. A., Dyk, R. B., Fattuson, H. F., Goodenough, D. R., & Karp, S. A. (1962). *Psychological differentiation: Studies of development.* Oxford: Wiley.

Witkin, H. A., & Goodenough, D. R. (1977). Field dependence and interpersonal behavior. *Psychological Bulletin, 84* (4), 661–689.

Witkin, H. A., Moore, C. A., Goodenough, D. R., & Cox, P. W. (1977). Field-dependent and field-independent cognitive styles and their educational implications. *Review of Educational Research, 47* (1), 1–64.

Witkin, H. A., Moore, C. A., Oltman, P. K., Goodenough, D. R., Friedman, F., Owen, D. R., & Raskin, E. (1977). Role of the field-dependent and field-independent cognitive styles in academic evolution: A longitudinal study. *Journal of Educational Psychology, 69* (3), 197–211.

第 8 章

Aspinwall, L. G., & Staudinger, U. M. (Eds.) (2003). *A psychology of human strengths: Fundamental questions and future directions for a positive psychology.* American Psychological Association.

Benedict, R. (1946). *The chrysanthemum and the sword.* Boston: Houghton Mifflin.
（ベネディクト，R.　長谷川 松治（訳）（1967）．定訳　菊と刀（全）　社会思想社）

Boniwell, I. (2012). *Positive psychology in a nutshell: The science of happiness.* Open University Press.
（ボニウェル，I.　成瀬 まゆみ（監訳）（2015）．ポジティブ心理学が1冊でわかる本　図書刊行会）

Buss, D. M. (1989). Sex differences in human mate preferences: Evolutionary hypotheses tested in 37 cultures. *Behavioral and Brain Sciences, 12* (1), 1–49.

Buss, D. M., & Penke, L. (2015). Evolutionary personality psychology. In M. Mikulincer, P. R. Shaver, M. L. Cooper, & R. J. Larsen (Eds.), *APA handbooks in psychology. APA handbook of personality and social psychology.* Vol. 4. *Personality processes and individual differences* (pp. 3–29). Washington, DC: American Psychological Association.

Camperio Ciani, A. S., Capiluppi, C., Veronese, A., & Sartori, G. (2007). The adaptive value of personality differences revealed by small island population dynamics. *European Journal of Personality, 21* (1), 3–22.

Carver, C. S., & White, T. L. (1994). Behavioral inhibition, behavioral activation, and affective responses to impending reward and punishment: The BIS/BAS Scales. *Journal of Personality and Social Psychology, 67* (2), 319-333.

Caspi, A., Sugden, K., Moffitt, T. E., Taylor, A., Craig, I. W., Harrington, H., McClay, J., Mill, J., Martin, J., Braithwaite, A., & Poulton, R. (2003). Influence of life stress on depression: Moderation by a polymorphism in the 5-HTT gene. *Science, 301* (5631), 386-389.

Chang, F. M., Kidd, J. R., Livak, K. J., Pakstis, A. J., & Kidd, K. K. (1996). The world-wide distribution of allele frequencies at the human dopamine D4 receptor locus. *Human Genetics, 98*, 91-101.

Chen, C., Burton, M., Greenberger, E., & Dmitrieva, J. (1999). Population migration and the variation of dopamine D4 receptor (DRD4) allele frequencies around the globe. *Evolution and Human Behavior, 20* (5), 309-324.

Chiao, J. Y., & Blizinsky, K. D. (2010). Culture-gene coevolution of individualism-collectivism and the serotonin transporter gene. *Proceedings of the Royal Society B, 277*, 529-537.

DeNeve, K. M., & Cooper, H. (1998). The happy personality: A meta-analysis of 137 personality traits and subjective well-being. *Psychological Bulletin, 124* (2), 197-229.

Ebstein, R. P., Novick, O., Umansky, R., Priel, B., Osher, Y., Blaine, D., Bennett, E. R., Nemanov, L., Katz, M., & Belmaker, R. (1996). Dopamine D4 receptor (D4DR) exon Ⅲ polymorphism associated with the human personality trait of novelty seeking. *Nature Genetics, 12*, 78-80.

Eisenberg, D. T. A., & Hayes, M. G., (2011). Testing the null hypothesis: Comments on 'culture-gene coevolution of individualism-collectivism and the serotonin transporter gene'. *Proceedings of the Royal Society B, 278*, 290-292.

Eysenck, H. J. (1960). *The structure of human personality*. London: Methen; N.Y.: Wiley.

Eysenck, H. J. (1965). Extraversion and the acquisition of eyeblink and GSR conditioned responses. *Psychological Bulletin, 63* (4), 258-270.

Gelernter, J., Kranzler, H., Coccaro, E. F., Siever, L. J., & New, A. S. (1998). Serotonin transporter protein gene polymorphism and personality measures in African American and European American subjects. *The American Journal of Psychiatry, 155* (10), 1332-1338.

Gray, J. A. (1970). The psychophysiological basis of introversion-extraversion. *Behaviour Research and Therapy, 8* (3), 249-266.

Heath, A. C., Cloninger, C. R., & Martin, N. G. (1994). Testing a model for the genetic structure of personality: A comparison of the personality systems of Cloninger and Eysenck. *Journal of Personality and Social Psychology, 66* (4), 762-775.

Herbst, J. H., Zonderman, A. B., McCrae, R. R., & Costa, P. T., Jr. (2000). Do the dimensions of the temperament and character inventory map a simple genetic architecture? Evidence from molecular genetics and factor analysis. *The American Journal of Psychiatry, 157* (8), 1285-1290.

星野 命 (1984). 文化とパーソナリティ　河合隼雄他　講座現代の心理学 6　性格の科学　小学館

伊坂 裕子 (2006). 社会的パーソナリティ　田之内 厚三 (編) ガイド社会心理学　北樹出版

伊坂 裕子 (2018). 日本人の認知的特徴と人格的成長に関する文化心理学――相互協調的自己観と包括的思考――　福村出版

石井 敬子（2014）．文化神経科学　西條 辰義（監修）山岸 俊男（編）文化を実験する――社
　　会行動の文化・制度的基盤――（pp.35-62）　勁草書房

Jensen, A. R.（1969）. How much can we boost IQ and scholastic achievement? *Harvard Educational Review, 39*（1）, 1-123.
　　（東 洋（1969）．知的行動とその発達　桂 広介・波多野 完治・依田 新（監修）岡本 夏木
　　他（編）児童心理学講座4　認識と思考（pp.1-22）　金子書房）

Johnson, W., McGue, M., Krueger, R. F., & Bouchard, T. J., Jr.（2004）. Marriage and personality: A genetic analysis. *Journal of Personality and Social Psychology, 86*（2）, 285-294.

北山 忍（1998）．自己と感情――文化心理学による問いかけ――　共立出版

北山 忍・唐澤 真弓（1995）．自己――文化心理学的視座――　実験社会心理学研究, *35,* 133-163.

Kitayama, S., & Uskul, A. K.（2011）. Culture, mind, and the brain: Current evidence and future directions. *Annual Review of Psychology, 62*, 419-449.

Markus, H. R., & Kitayama, S.（1991）. Culture and the self: Implications for cognition, emotion, and motivation. *Psychological Review, 93*, 224-253.

Lesch, K-P., Bengel, D., Heils, A., Sabol, S. Z., Greenberg, B. D., Petri, S., Benjamin, J., Müller, C. R., Hamer, D. H., & Murphy, D. L.（1996）. Association of anxiety-related traits with a polymorphism in the serotonin transporter gene regulatory region. *Science, 274*（5292）, 1527-1531.

Mischel, W., & Shoda, Y.（1995）. A cognitive-affective system theory of personality: Reconceptualizing situations, dispositions, dynamics, and invariance in personality structure. *Psychological Review, 102*（2）, 246-268.

Mischel, W., Shoda, Y., & Ayduk, O.（2007）. *Introduction to personality: Toward an integrative science of the person.* N.J.: John Wiley & Sons.
　　（ミシェル, W.・ショウダ, Y.・アイダック, O.　黒沢 香・原島 雅之（監訳）（2010）．
　　パーソナリティ心理学――全体としての人間理解――　培風館）

Munafò, M. R., Yalcin, B., Willis-Owen, S. A., & Flint, J.（2008）. Association of the dopamine D4 receptor（DRD4）gene and approach-related personality traits: Meta-analysis and new data. *Biological Psychiatry, 63*（2）, 197-206.

Oishi, S., & Graham, J.（2010）. Social ecology: Lost and found in psychological science. *Perspectives on Psychological Science, 5*, 356-377.

Peterson, C., & Seligman, M. E. P.（2004）. *Character strengths and virtues: A handbook and classification.* Washington, DC: American Psychological Association; N.Y.: Oxford University Press.

Plomin, R.（1990）. The role of inheritance in behavior. *Science, 248*（4952）, 183-188.

Stallings, M. C., Hewitt, J. K., Cloninger, C. R., Heath, A. C., & Eaves, L. J.（1996）. Genetic and environmental structure of the tridimensional personality questionnaire: Three or four temperament dimensions? *Journal of Personality and Social Psychology, 70*（1）, 127-140.

高橋 雄介・山形 伸二・木島 伸彦・繁桝 算男・大野 裕・安藤 寿康（2007）．Gray の気質モデ
　　ル――BIS/BAS 尺度日本語版の作成と双生児法による行動遺伝学的検討――　パーソナ
　　リティ研究, *15*（3）, 276-289.

竹村 幸祐・結城 雅樹（2014）．文化への社会生態学的アプローチ　山岸 俊男（編）文化を実
　　験する――社会行動の文化・制度的基盤――（pp.91-140）　勁草書房

Taku, K., Kilmer, R. P., Cann, A., Tedeschi, R. G., & Calhoun, L. G.（2012）. Exploring posttrau-matic growth in Japanese youth. *Psychological Trauma: Theory, Research, Practice, and Policy, 4*, 411-419.

Taylor, S. E., Way, B. M., Welch, W. T., Hilmert, C. J., Lehman, B. J., & Eisenberger, N. I.（2006）. Early family environment, current adversity, the serotonin transporter promoter polymor-phism, and depressive symptomatology. *Biological Psychiatry, 60*（7）, 671-676.

Tedeschi, R. G., & Calhoun, L. G.（1996）. The Posttraumatic Growth Inventory: Measuring the positive legacy of trauma. *Journal of Traumatic Stress, 9*, 455-471.

Tedeschi, R. G., & Calhoun, L. G.（2004）. Posttraumatic growth: Conceptual foundations and empirical evidence. *Psychological Inquiry, 15*, 1-18.

Triplett, K. N., Tedeschi, R. G., Cann, A., Calhoun, L. G., & Reeve, C. L.（2012）. Posttraumatic growth, meaning in life, and life satisfaction in response to trauma. *Psychological Trauma: Theory, Research, Practice, and Policy, 4*, 400-410.

若林 明雄（2009）. パーソナリティとは何か――その概念と理論―― 培風館

Waller, N. G., & Shaver, P. R.（1994）. The importance of nongenetic influences on romantic love styles: A twin-family study. *Psychological Science, 5*（5）, 268-274.

Watson, D., Wiese, D., Vaidya, J., & Tellegen, A.（1999）. The two general activation systems of affect: Structural findings, evolutionary considerations, and psychobiological evidence. *Journal of Personality and Social Psychology, 76*（5）, 820-838.

山岸 俊男（1998）. 信頼の構造――こころと社会の進化ゲーム―― 東京大学出版会

第9章

American Psychiatric Association（2013）. *Diagnostic and statistical manual of mental disorders*（5th ed.）. Arlington, V. A.: The American Psychiatric Association.
（アメリカ精神医学会　髙橋 三郎・大野 裕（監訳）染矢 俊幸・神庭 重信・尾崎 紀夫・三村 將・村井 俊哉（訳）（2014）. DSM-5　精神疾患の診断・統計マニュアル　医学書院）

Gunderson, J. G., & Choi-Kain, L.（2012）. 10 心の健康問題　パーソナリティ障害　MSD マニュアル家庭版　Retrieved from https://www.msdmanuals.com/ja-jp/（2019 年 8 月閲覧）

林 直樹（2016a）. パーソナリティ障害はどのような病気なのか？　青木 省三・宮岡 等・福田 正人（監修）林 直樹（編）こころの科学, *185*（pp.10-16）　日本評論社

林 直樹（2016b）. 林 直樹先生に「パーソナリティ障害」を訊く　日本精神神経学会ホームページ　Retrieved from https://www.jspn.or.jp/modules/forpublic/index.php?content_id=41（2019 年 8 月閲覧）

Kernberg, O. F.（1967）. Borderline personality organization. *Journal of the American Psychoanalytic Association, 15*（3）, 641-685.

厚生労働省（2011）. こころの病気を知る　パーソナリティ障害　厚生労働省 みんなのメンタルヘルス総合サイト　Retrieved from https://www.mhlw.go.jp/kokoro/know/disease_personality.html（2019 年 8 月閲覧）

Millon, T.（1981）. *Disorders of personality: DSM-Ⅲ, Axis Ⅱ*. N.Y.: Wiley & Sons.

Schneider, K.（1923）. *Die Psychopathischen Persönlichkeiten*. Leipzig: Franz Deuticke.
（シュナイデル，K. 懸田 克躬・鰭崎 轍（訳）（1954）. 精神病質人格　みすず書房）

土屋 賢治（2014）. 人格障害　森 則夫・杉山 登志郎・岩田 泰秀（編著）臨床家のための

DSM-5 虎の巻（pp.122-124）　日本評論社

WHO（2019）. ICD-11 for mortality and morbidity statistics（Version: 04/2019）. WHO ホームページ　Retrieved from https://icd.who.int/browse11/l-m/en#/http%3a%2f%2fid.who.int%2ficd%2fentity%2f2006821354（2019 年 8 月閲覧）

第 10 章

Exner, J. E.（2003）. *The Rorschach: A comprehensive system*（4th ed.）. N.Y.: Wiley.
　（エクスナー，J. E. 中村 紀子・野田 昌道（監訳）（2009）. ロールシャッハ・テスト――包括システムの基礎と解釈の原理――　金剛出版）

Finn, S. E.（2007）. *In our clients' shoes: Theory and techniques of therapeutic assessment.* London: Routledge.
　（フィン，S. E. 野田 昌道・中村 紀子（訳）（2014）. 治療的アセスメントの理論と実践――クライエントの靴を履いて――　金剛出版）

畠山 美穂・山崎 晃（2003）. 幼児の攻撃・拒否的行動と保育者の対応に関する研究――参与観察を通して得られたいじめの実態――　発達心理学研究, *14*（3）, 284-293.

平井 洋子（2006）. 測定の妥当性からみた尺度構成――得点の解釈を保証できますか？――　吉田 寿夫（編）心理学研究法の新しいかたち（pp.21-49）　誠信書房

保坂 亨（2000）. 人間行動の理解と面接法　保坂 亨・中澤 潤・大野木 裕明（編著）心理学マニュアル　面接法（pp.1-7）　北大路書房

飯田 緑（2003）学生相談における描画法の可能性――最終回の 2 枚目で本音が出た事例――　学生相談研究, *24*, 172-180.

池島 静佳・篠竹 利和・高橋 道子・北村 麻紀子・千葉 ちよ・前田 貴記（2014）. 高機能広汎性発達障害における P-F スタディ（成人用）の特徴　心理臨床学研究, *32*（1）, 137-143.

片口 安史（1987）. 改訂 新・心理診断法――ロールシャッハ・テストの解説と研究――　金子書房

岸本 和子（2019）. 強迫症状を呈した広汎性発達障害者への心理的援助　心理臨床学研究, *36*（6）, 624-634.

黒沢 幸子（2016）. 困難学級を成功に導く生徒と教員による教室づくりのプロセス――中学校教員への半構造化面接の質的検討から――　目白大学心理学研究, *12*, 1-13.

松井 一裕（2018）. 危険ドラッグ使用者のロールシャッハ法に表れた思考過程の問題　心理臨床学研究, *35*（6）, 651-656.

中澤 潤（1997）. 人間行動の理解と観察法　中澤 潤・大野木 裕明・南 博文（編著）心理学マニュアル　観察法（pp.1-8）　北大路書房

滑川 瑞穂・横田 正夫（2017）. バウムテストの表現に関連する抑うつ症状について　臨床描画研究, *32*, 143-156.

佐藤 静（2002）. コラージュ制作者の性格特性と作品特性　心理学研究, *73*（2）, 192-196.

サトウ タツヤ（2003）. 心理学史の見方――知能検査の本質と変質――　サトウ タツヤ・高砂 美樹　流れを読む心理学史――世界と日本の心理学――（pp.161-187）　有斐閣

杉浦 京子・金丸 隆太（2012）. 星と波描画テスト（SWT）　杉浦 京子・金丸 隆太　投映描画法テストバッテリー――星と波描画テスト　ワルテッグ描画テスト　バウムテスト――（pp.19-76）　川島書店

橋 玲子（2005）. 心理アセスメント 2 アセスメント面接　橋 玲子・齋藤 高雅（編著）新訂

臨床心理学特論（pp.233-244）　放送大学教育振興会

高橋 依子（2011）．描画テストとは　髙橋 依子　描画テスト（pp.1-24）　北大路書房

Yalon, D.（2006）. *The Star-Wave Test across the life span: Advances in theory, research and practice*. Sainte-Foy, Québec: International Graphological Colloquium.

（ヤローン，D．杉浦 京子（監訳）（2015）．星と波描画テストの発展――理論・研究・実践：アクロス・ザ・ライフスパン――　川島書店）

吉岡 久美子（2001）高齢者のエゴグラム・プロフィールの特徴と心理的援助に関する探索的研究　健康心理学研究，*14*（1），32-37.

人名索引

事 項 索 引

執筆者紹介

【編者略歴】

横田　正夫 (第 10 章執筆)

1976 年　日本大学芸術学部映画学科卒業
1982 年　日本大学大学院文学研究科心理学専攻博士後期課程単位取得満期退学
現　在　日本大学文理学部心理学科教授
　　　　医学博士　博士（心理学）　公認心理師　臨床心理士
主要編著書
『アニメーションの臨床心理学』（誠信書房，2006）
『アニメーションとライフサイクルの心理学』（臨川書店，2008）
『日韓アニメーションの心理分析——出会い・交わり・閉じこもり——』（臨川書店，2009）
『メディアから読み解く臨床心理学——漫画・アニメを愛し，健康なこころを育む——』（サイエンス社，2016）
『ポテンシャル臨床心理学』（編著）（サイエンス社，2016）

津川　律子 (第 2 章執筆)

1983 年　日本大学文理学部心理学科卒業
1985 年　日本大学大学院文学研究科心理学専攻博士前期課程修了
現　在　日本大学文理学部心理学科教授
　　　　公認心理師　臨床心理士　精神保健福祉士
主要編著書
『精神科臨床における心理アセスメント入門』（金剛出版，2009）
『初心者のための臨床心理学研究実践マニュアル［第 2 版］』（共著）（金剛出版，2011）
『教育相談』（共編）（弘文堂，2015）
『ポテンシャル臨床心理学』（共著）（サイエンス社，2016）
『心理的アセスメント』（共編）（遠見書房，2019）

【執　筆　者】名前のあとの括弧内は執筆担当章を表す。

伊坂　裕子（第1，7，8章）日本大学国際関係学部教授

岡田　和久（第3章）日本大学文理学部心理学科教授

山口　義枝（第4章）日本大学文理学部心理学科教授

河野　千佳（第5，6章）日本大学文理学部心理学科准教授

菊島　勝也（第9章）日本大学文理学部心理学科准教授

滑川　瑞穂（第10章）明治学院大学心理学部専任講師

テキストライブラリ 心理学のポテンシャル=7

ポテンシャルパーソナリティ心理学

2020 年 3 月 10 日Ⓒ	初 版 発 行
2021 年 10 月 10 日	初版第 2 刷発行

編 者	横田正夫	発行者	森平敏孝
	津川律子	印刷者	中澤　眞
		製本者	小西惠介

発行所　　**株式会社 サイエンス社**

〒151-0051　東京都渋谷区千駄ヶ谷 1 丁目 3 番 25 号
営業 TEL　(03)5474-8500(代)　　振替 00170-7-2387
編集 TEL　(03)5474-8700(代)
FAX　　　(03)5474-8900

組版　ケイ・アイ・エス
印刷　㈱シナノ　　　製本　ブックアート
《検印省略》

ISBN978-4-7819-1466-4

PRINTED IN JAPAN

サイエンス社のホームページのご案内
https://www.saiensu.co.jp
ご意見・ご要望は
jinbun@saiensu.co.jp　まで.